Temas Espíritas

Francisco Costa

Natal – RN

2021

Temas Espíritas
Francisco José Costa dos Sa
1ª Edição – 100 exemplares

Capa e contracapa: Cactus Editora
Revisão: O Autor
ISBN nº: 978-65-5124-000-3
Editor: Francisco José Costa dos Santos

Pedidos: Cactus Editora
cactuseditora@gmail.com
CNPJ: 31.831.469/0001-04 Tel: (84) 99622-4654
Impresso na Gráfica Express – Assu – RN

Ficha Catalográfica

C837n **Costa dos Santos**, Francisco José
Temas Espíritas / Francisco Costa – Natal: Cactus Editora, 2021.

103 f. il.

1. Religião. 2. Crença. 3. Espiritualismo I. Título.

CDU: 133.9

Bibliotecário Responsável: Maxwell Lopes da Silva RB15/421

Nascer, morrer, renascer ainda e progredir sempre, tal é a lei.

Allan Kardec (1804/1869)

Primeiras Palavras

Nasci em um lar católico e assim me mantive por muitos anos, passando pelos sacramentos do batismo, primeira comunhão e crisma como qualquer jovem cristão católico. Porém, com o passar do tempo, fui me percebendo cada vez mais questionador das verdades que eu ainda não compreendia e as respostas alcançadas nem sempre, ou quase nunca, satisfaziam a minha curiosidade de saber.

Não encontrando as respostas desejadas me afastei da comunidade católica e, durante algum tempo, fiquei sem identificação religiosa, mas não sem questionar de onde vim, por que vim, para onde vou, o que acontece após a morte e coisas desse tipo.

Um certo vazio passou a fazer parte de mim e, se os questionamentos aumentavam cada vez mais, crescia também o vazio de algo que não sabia identificar o motivo.

Busquei refúgio em uma denominação protestante, porém, neste espaço, minhas perguntas permaneciam sem respostas e aumentavam mais ainda a cada dia. Sempre indagando ao pastor da congregação que frequentava, acabei por ser, literalmente, expulso da comunidade sob a alegação de que o "demônio" habitava em mim e que eu questionava as verdades da igreja. Aceitei sem maiores problemas a situação e permaneci, em minha busca por suprir o vazio existencial que carregava comigo.

Por um compromisso profissional precisei ir a um centro espírita, na cidade de Laje do Muriaé, no interior do estado do Rio de Janeiro, local onde à época residia.

Foi naquela noite calorenta de domingo que através uma palestra obtive, de maneira bastante simples, as respostas que tanto havia buscado e não as havia encontrado até então. Hoje, agradeço imensamente à espiritualidade superior por tão benfazeja oportunidade de ir ao Centro Espírita Joana de Angelis, naquela cidade interiorana fluminense.

Passei a enveredar pela leitura espírita. De início, timidamente e depois de maneira contumaz. Era um novo mundo que se abria à minha frente. Respostas simples e diretas que atendiam ao meu entendimento e as minhas necessidades, não sem antes me suscitar pelo menos duas novas perguntas para cada resposta encontrada, realidade que permanece até hoje.

Ao voltar para o Rio Grande do Norte e, especificamente, para a cidade do Assu, fui acolhido pelos diletos irmãos do Centro Espírita Sementes de Amor que muito me auxiliaram no processo de autoconhecimento e burilamento de minhas más inclinações que ainda estão em processo de transformação.

Depois de alguns anos de estudos, afastamentos e retornos, passei à condição de expositor naquela casa, o que muito contribuiu para que estivesse sempre buscando a instrução para poder servir.

Este é o primeiro livro com temática espírita que escrevo. Não se trata de um livro instrucional ou de alguma receita para viver de acordo com os valores da Doutrina Espírita, mas sim, um exercício de refletir acerca de alguns temas de valor moral que, ao longo dos anos, tenho apresentado nas casas espíritas para onde sou convidado, sob a forma de palestras.

Reafirmo não ter esta obra nenhum intento de alterar qualquer concepção de quem quer que seja. Apenas anseio contribuir para a reflexão do leitor e estimular a sua capacidade de pensar.

Francisco Costa

Sumário

Jesus! Modelo e guia para a família

Na questão 625 do Livro dos Espíritos, Kardec indaga qual seria o tipo mais perfeito que Deus tem oferecido ao Homem para lhe servir de modelo e guia. A resposta é imediata e incontestável. "Jesus".

Compreendemos então que Jesus é o espírito mais perfeito que o planeta terra já conheceu e que se doou, em missão de amor, para servir de orientação moral na jornada de evolução.

Quando pensamos na questão da perfeição humana, infelizmente, se faz necessário observar que ainda cultivamos sentimentos bem menores como orgulho e egoísmo como pontos focais nas nossas existências. Tais sentimentos nos despertam outros sentimentos e atitudes, como por exemplo a ausência de nosso comprometimento com a autotransformação que necessariamente passa pelo estudo responsável das verdades eternas trazidas pelo Cristo e esclarecidas pela Doutrina Espírita. Some-se a isso, a nossa preguiça e comodismo em não querer abandonar o *status quo* no qual ainda nos mantemos por, intimamente ainda preservarmos, em nós, a resistência em deixar ao largo da caminhada as "facilidades" terrenas que nos dá uma falsa impressão de bem-estar.

Pensar em evoluir significa mudar trajetórias existenciais e abandonar velhos costumes cotidianos que ainda nos mantém presos às posturas distanciadas da mensagem de Jesus e carreia, cada um de nós, para o individualismo existencial nas famosas caixinhas do orgulho.

É bastante comum, quando pensamos em perfeição nos voltarmos para a perfeição estética, por exemplo. Queremos um corpo perfeito, um rosto perfeito... e nos esquecemos que a verdadeira perfeição física é exatamente aquela que temos, pois ela é adequada as nossas necessidades de aprendizagem na romagem terrena.

Vendo a mesma questão por outra ótica é compreender que cada detalhe existente em nosso corpo somático tem sua aplicabilidade no processo de aprendizagem de valores. E afinal de contas, existe alguma regra estabelecida para que nos diferenciemos uns dos outros unicamente pela corporeidade? Sabemos, independente de que linhagem teológica e/ou filosófica sigamos, que toda materialidade é temporária e que qualquer "perfeição corporal" que busquemos, indubitavelmente, se deteriorará.

Quando a espiritualidade no diz que Jesus é o modelo mais perfeito para que orientemos as nossas existências não nos fala de uma modelagem física, não nos fala de um padrão de beleza, não nos evoca a necessidade da constituição do estabelecimento de uma linha de montagem estética. Nos fala, os espíritos da codificação, que o modelo apresentado por Jesus é moral, é de construção individual e coletiva de valores que preveja a vida não como um trajeto do útero ao túmulo, mas sim, da individualização da consciência para a imortalidade.

Construir esse exemplo moral é uma tarefa diária de cada um e de nada adiantará ter uma modelagem física que se adeque a essa ou aquela sociedade, se a modelagem moral do indivíduo passa distante daquilo que a mensagem Crística nos chama para o reajustamento.

Vendo ainda essa questão do físico, somos tentados a questionar: Faria alguma diferença se Jesus, em sua veste terrena, fosse coxo, manco, deficiente visual ou surdo? A mensagem de amor e transformação para cada um de nós teria menos valor se a forma física do Mestre apresentasse alguma deficiência? Então, por quê ainda insistimos tanto na busca da perfeição física, à custa dos mais variados sacrifícios se a construção de valores morais não estiver posta na condição de farol a iluminar a nossa caminhada?

É importante lembrar que Jesus nos trouxe exemplos de perfeição moral muito antes de seu nascimento terreno. Lembrando alguns fatos bíblicos vamos perceber que bem antes de se contar Jesus entre os "vivos terrenos" a escolha de Maria para ser aquela que receberia biologicamente o Cristo, deveu-se a condição moral dessa irmã querida que apresentava, por seus próprios méritos, as condições para ser mãe de Jesus, e isso, certamente se configura como um ensinamento do qual extraímos a percepção de que os valores morais elevados daquela mulher, possibilitariam um ambiente no qual Jesus encontraria ressonância de sua mensagem de amor.

Já no nascimento, Jesus nos dá um ensinamento de humildade que, cada um de nós, deveríamos cultivar em todos os instantes das nossas muitas existências, sejam elas terrenas ou na erraticidade. E qual seria esse ensinamento? Jesus, o espírito mais perfeito que o planeta terra teve nasceu, biologicamente, em uma estrebaria. Ora, sendo o governador espiritual deste planeta, sendo a expressão máxima da perfeição, tanto quanto tangível ao nosso compreender, poderia ter nascimento em qualquer dos palácios da época, nas famílias mais abastadas e poderosas, nos centros de comando nos quais teria amplas condições de promover uma revolução pela força e implantar seu reino, mas, se distanciando das facilidades terrenas o Cristo nasce em uma estrabaria tendo por primeiro berço uma manjedoura[1].

Quando pensamos neste exemplo de humildade, de alguém que poderia ter escolhido nascer entre os poderosos, mas contrariamente, surge para sua missão terrena no meio da simplicidade dos animais, nos revela que o conceito de humildade de Jesus é, sem sombra de dúvidas, infinitamente mais amplo que aquele ao qual nós somos capazes de assumir, contudo, nos mostra que há a larga possibilidade de caminharmos de acordo com seus passos. Porém, é nossa escolha o fazer tal caminhada.

---

[1] Nota do Autor: Instrumento para servir alimentação aos animais

Então, quando falamos de Jesus enquanto modelo e guia, falamos de perfeição moral que nos coloca a caminho da seara do amor e do bem.

É importante lembrar que aos doze anos de idade, Jesus vai à sinagoga e, em meio aos doutores da lei judaica e, diga-se de passagem, os maiores conhecedores da filosofia do judaísmo à época, para com sua simplicidade e humildade discutir filosofia de amor com aqueles homens. Não uma relação de embate, mas uma conversa que aclara para aqueles doutores da lei, conceitos que se descortinavam com a sua vinda.

Desse episódio somos levados a perceber o quanto a humildade do Cristo é moral e elevada, pois sendo ele conhecedor do mais íntimo dos recônditos humanos não usou seu conhecimento para humilhar aqueles homens, mas sim para os esclarecer.

Em cada momento de Sua passagem terrena demostrou a cada instante, em cada atitude, em cada palavra, Jesus foi nos trazendo exemplificações de sua mensagem sempre calçada pela exemplificação moral, ou seja, Jesus jamais se colocou na condição de ser elevado que diz o que deseja realizado, mas sim na condição de mostrar, na prática cada ensinamento trazido para nossa evolução.

Certamente, não é necessário ser teólogo ou filósofo para compreender que Jesus viveu, e vive, na máxima expressão da lei do Pai. E qual é a lei do Pai senão a Lei de AMOR, JUSTIÇA E CARIDADE?

Neste ponto nos cabe refletir: estamos buscando, no convívio com as nossas famílias essa lei? Temos nos colocado como exemplo de valores morais elevados para os nossos filhos? Temos nos preocupado com as orientações morais daqueles que a espiritualidade nos colocou à responsabilidade para auxiliar no processo de evolução? Para responder a tais questões é necessário realizar um movimento de introspecção em nossas consciências. O livreto "Aperte mais esse laço" editado pela Federação Espírita Brasileira, assevera que:

> A luta em família é problema fundamental da redenção do homem na Terra. Como seremos benfeitores de cem ou mil pessoas, se ainda não aprendemos a servir cinco ou dez criaturas? Esta é indagação lógica que se estende a todos os discípulos sinceros do Cristianismo. Bom pregador e mau servidor são dois títulos que se não coadunam. FEB (2017).

Ora, assim vendo, encontramos que a convivência familiar é uma necessidade para todos nós, é das mais presentes necessidades de redenção de nossas próprias imperfeições. O nosso proceder externo ao seio familiar precisa ser em igual nível do proceder intrafamiliar, e isso, se constitui em mudança de postura, renúncia do "*status quo*" que assumimos ao longo da existência terrena.

Quando trazemos a amantíssima figura de Jesus, com sua exemplificação vivenciada, indubitavelmente caminhamos para um processo coletivo de evolução. A indagação da publicação federativa nacional nos leva a questionar a nossa própria consciência: Como ser benfeitor de muitos se não alcançarmos tal posição dos poucos que nos rodeiam cotidianamente no ensejo do lar? Na mesma obra, Emmanuel, no capítulo "Educação no Lar", nos alerta que aqueles que se constituíram pais, na humanidade terrena, devem assumir, de pronto, a bandeira do mentor amoroso daquele que reinicia sua caminhada rumo à evolução.

O prover um ambiente que tenha Jesus como modelo e guia é a primeira responsabilidade dos pais para com aqueles que, temporariamente, estão na condição de filhos. O cultivo incessante de valores morais de amor, respeito, caridade, nas suas mais diversas expressões, justiça sob todas as formas, remetem para as características do Homem de Bem, apresentado no Evangelho Segundo o Espiritismo, em seu capítulo 17, que orienta os prelúdios da perfeição.

Sede perfeitos como perfeito é o Vosso Pai, nos diz Jesus conclamando a autotransformação de valores que ainda se encontram presos à animalidade terrena e, certamente, a assunção destes novos valores morais, nos conduzirá a ser espelhos para os nossos familiares, amigos, vizinhos, colegas de trabalho etc etc.

Portanto, ter Jesus como modelo e guia para a família passa necessariamente por ter atitudes cristãs e não apenas discursos cristãos. Encerra-se, nesse contexto, uma dicotomia alargada pois nem sempre o discurso apregoado nos púlpitos reflete a prática cotidiana no seio da família. Assim, refletir o exemplo moral de Jesus e, a partir de tal reflexão, trazer para a prática familiar é missão de todos nós que almejamos um mundo em que o amor seja o elo motriz de toda a sociedade, temporariamente terrena.

Falemos do exemplo moral do Cristo, mas principalmente, vivamos o exemplo moral do Cristo primeiramente em nosso lar para que os nossos próximos, mais próximos, possam se espelhar no exemplo moral de Jesus. Esse modelo é que deve ser assumido por cada um de nós e vivido tanto quanto próximo a perfeição que nos é possível, dentro do nosso patamar evolutivo. Então, reforço: falemos do exemplo moral do Cristo, mas principalmente, vivamos o exemplo moral do Cristo em nosso viver.

O Progresso Moral

Pensando em progresso, nós vamos observar, com base no Livro dos Espíritos, que a lei de progresso, apontada por Kardec, abrange, principalmente, duas instâncias, quais sejam, o progresso intelectual e o progresso moral.

Ou seja, cada um de nós progredimos intelectualmente ao longo da invernada terrena ao sabor de muitas reencarnações. A humanidade está contínuo progresso intelectual. As provas são observáveis diuturnamente através dos muitos avanços tecnológicos, nas mais diversas perspectivas.

Não necessitamos ir muito atrás, temporalmente falando, para verificarmos a capacidade que a humanidade desenvolveu de criar instrumentos dos mais rudimentares, por exemplo o arado puxado à tração animal, até a mais modernas máquinas para arar e colher a produção no campo. Das mais simplórias técnicas de sangramento para curar infartos à cirurgia cardiovascular operado a distância através de modernos computadores. Das cartas que levavam, ás vezes até anos para chegar aos destinatários ao e-mail que na atualidade entrega a mensagem em milionésimos de segundos. O progresso intelectual da humanidade é, indubitavelmente, incontestável.

Contudo, se o progresso intelectual do homem terreno ganhou aspectos de genialidade o mesmo não se pode dizer do progresso moral. Dificilmente, ou poderíamos afirmar que quase nunca, verificamos essas duas perspectivas de progresso caminharem lado a lado.

Inexoravelmente a Lei do Progresso ocorrerá, pois, o homem não pode se conservar na ignorância, imerso na seara do desconhecimento de maneira eterna. Deus, na sua expressão máxima de justiça, nos constitui espíritos simples e ignorantes, porém vocacionados à evolução intelectual, que nos possibilita a transformação dos meios ofertados na terra para a viver e viver em abundância, mas também evoluir moralmente, permitindo que alcancemos o fulgor da compreensão das verdades do Pai.

Tal processo não se dá, sabemos nós, de uma forma gratuita e como beneplácito irresponsável, mas sim pelo merecimento que fazemos por ter a partir de nossas escolhas, pois quando o Criador nos individualizou, por sua vontade e amor, do fluido cósmico universal, constituindo-nos consciências com o propósito primeiro de evoluirmos nos dotou da capacidade de fazermos uso de nosso livre arbítrio.

Deus nos chama à responsabilidade a cada dia que passa, na caminhada terrena à construção do nosso próprio processo de evolução para que as vitórias alcançadas sejam por nossos méritos. Ora, se Deus em Sua criação tivesse "espíritos eleitos" agraciados com a perfeição e, por outro lado tivesse em Sua criação "espíritos imperfeitos" com a necessidade de vencer a longa jornada da evolução, que justiça pode emanar?

O certo é que, mesmo que queiramos, jamais conseguiremos deter a marcha do progresso pois Deus nos direciona para a felicidade, no entanto, a felicidade sem méritos pode ser chamada de qualquer coisa, menos de felicidade. Assim, tal sentimento em Deus se constitui a partir de nosso esforço para sermos espíritos melhores.

Até agora falamos de progresso, mas afinal de conta: o que é progresso? De maneira geral, podemos afirmar que progresso é a aspiração pelo melhor, pelo bem nos seus mais diversos vieses, é a prova da existência em nós de um princípio superior que nos encaminha para destinos mais altos, que nos lança sempre para a frente nos domínios do pensamento e da consciência, conforme nos aponta Leon Denis na obra O Progresso.

Na questão 779, de O Livro dos Espíritos, Kardec indaga da espiritualidade superior se "O homem traz em si o impulso de progredir ou o progresso é apenas fruto de um ensinamento?" Como resposta temos que: “O homem se desenvolve naturalmente, mas nem todos progridem ao mesmo tempo e do mesmo modo; é assim que os mais avançados ajudam pelo contato social o progresso dos outros”.

Observando isso, vemos que o progresso é uma lei natural e que todos progredirão certamente, contudo o tempo de progressão de cada está diretamente ligado às escolhas que faça. O livre arbítrio é o definidor desta marcha. Alguns progredirão mais rapidamente por seus esforços para tal, outros terão a marcha mais alongada em virtude das escolhas de caminhos que faça.

Jesus nos fala das duas portas. A porta larga que apresenta facilidades e necessidade quase nenhuma de renúncia e a porta estreita na qual o processo de amadurecimento e reajustamento moral é presente durante todo o percurso estradeiro da evolução.

Aos que se voltarem às facilidades que o terreno mundo oferta, certamente a marcha se alongará em virtude dos desajustes espirituais que granjeará durante a sua jornada, contudo, expressão máxima do amor, Deus não nos entrega a própria sorte e nos oferta, obviamente com o cadinho de responsabilidade pertinente aos nossos equívocos, o concurso fraterno daqueles que, a despeito das aparentes dificuldades, fizeram a opção pela porta estreita e já se encontram, por seus esforços e méritos, em condições de auxiliar na marcha daqueles que se equivocaram ao longo da estrada fazendo a escolha da larga porta existencial.

Quando falamos de progresso, seja ele intelectual ou moral, dois outros elementos caminham pari-passo e somente aqueles que compreendem a necessidade de se afastar dos conceitos da materialidade conseguem escapar, ainda que não totalmente no planeta de provas e expiações que ainda ocupamos.

Falo do orgulho e do egoísmo. São dois entraves severos para o avançar na direção da iluminação do amor pleno do Pai.

Na pergunta 785, de O Livro dos Espíritos a questão do orgulho e do egoísmo é tratada de maneira clara e inequívoca. Questiona Kardec qual o maior obstáculo ao progresso. A resposta é esclarecedora ao dizer que:

> O orgulho e o egoísmo; quero falar do progresso moral, uma vez que o progresso intelectual avança sempre e parece, aliás, à primeira vista, dar ao egoísmo e ao orgulho força duplicada ao desenvolver a ambição e o amor às riquezas, que, por sua vez, estimulam o homem às pesquisas que esclarecem seu Espírito. É assim que tudo se relaciona no mundo moral como no físico e que do próprio mal pode sair o bem; mas essa situação não durará muito tempo, mudará à medida que o homem compreender melhor que além dos prazeres terrestres há uma felicidade infinitamente mais durável. LE (2006)

Sendo o orgulho e o egoísmo os maiores entraves ao desenvolvimento de nossas potencialidades intelectuais e principalmente morais, compreendemos a necessidade urgente da assunção de um processo de autotransformação em nossos conceitos e atitudes, pois como bem assinala a espiritualidade, a condição de espíritos imperfeitos é temporária, mas o nosso esforço em buscar vencer essas duas barreiras chamadas orgulho e egoísmo nos fará transpor as grandes chagas da humanidade e seguirmos mais céleres no aprimoramento de nossas perspectivas evolutivas intelectual e principalmente moral.

No âmbito da evolução moral, que requer um esforço ainda maior que a intelectualidade, o novo ponto de chegada deve se orientar pelo lume do amor. Do amor que transcende a tudo e a todos e que nos faz auto irmanarmos a tudo e a todos.

A Doutrina Espírita nos traz os conceitos chaves que permite a cada um de nós compreendermos a dimensão de amor exemplificada e orientada por Jesus. Vencer o orgulho e o egoísmo na jornada de progresso moral é, como dissemos no capítulo anterior, ter Jesus como modelo e guia.

Alcançaremos ainda nesta encarnação a condição de espíritos completamente livres das chagas do orgulho e do egoísmo? Certamente que não. Ainda teremos uma longa caminhada pela frente até alcançarmos o patamar de olhar para traz e dizer venci o orgulho, derrotei o egoísmo, contudo não podemos, e tão pouco devemos ficar esperando um momento mágico ou específico para começar a domar dentro de nós mesmos essas duas feridas abertas.

O progresso de transformação moral é diário e não pode ser delegado a outrem. Somente nós mesmos que, por nossos esforços, somos capazes de vencer o mal do orgulho e a erva daninha do egoísmo, então, mãos à obra já, pois o esforço de transformação moral de cada um de nós constrói o progresso coletivo do planeta terra. Se buscamos viver o amor conforme as orientações do Divino Mestre Jesus estaremos dando a nossa pequena, mas de importância ímpar, contribuição na jornada de progresso da humanidade.

Imersos ainda no orgulho e egoísmo, que ainda nos é peculiar neste estágio evolutivo, nos imbuímos, muitas vezes, da ideia de que é preciso fazer algo de grande monta em prol do progresso da humanidade. Ora, ninguém enxerga um edifico pronto sem que antes tenha sido colocado um primeiro tijolo na construção. Portanto, o progresso coletivo carece do esforço individual de cada um. Individualmente, ao buscarmos vencer as nossas chagas abertas do orgulho e do egoísmo estaremos também curando as mesmas chagas da coletividade terrena.

Se buscamos viver o amor do Cristo estaremos igualmente semeando esse mesmo amor ao nosso próximo e daí vamos criando uma imensa rede de amorosidade que tende a se espalhar em pequenos núcleos que vão se ampliando dia após dia.

Mas é preciso que comecemos esse exercício agora. Hoje. O adiar as boas atitudes, calcadas nos valores morais de Jesus, é adiar também o nosso próprio progresso e negar ao plano geral de amor do Criador, a nossa parcela de contribuição na construção de um mundo melhor.

Assim sendo, vivamos o amor hoje. Progridamos moralmente e intelectualmente hoje. Façamos o melhor que nos for possível hoje porque, certamente amanhã estaremos colhendo a semeadura que fizemos hoje. E nos fica uma última indagação: Que colheita terei? A resposta, com certeza está nas escolhas que estou fazendo no presente. Diz um provérbio popular que quem semeia vento, colherá tempestades. E nós? o que semeamos no fértil terreno do progresso?

Amor: Expressão maior de Jesus

Nos ensinou Jesus da seguinte forma: "*Amarás o Senhor teu Deus de todo o coração, e de toda a tua alma, e de todo o teu entendimento. Este é o maior e o primeiro mandamento. E o segundo, semelhante a este, é: Amarás ao teu próximo como a ti mesmo. Estes dois mandamentos contêm toda a lei e os profetas. (Mateus, XII: 34-40)*".

O ensinamento do Mestre Jesus encerra uma imensa responsabilidade para todo aquele que vislumbra a necessidade de progredir na senda luminosa do amor. Quando nos orienta a amar a Deus antes que tudo, nos fala ao coração da necessidade de compreender, tanto quanto nos seja possível, a intimidade do amor do Pai. Ou seja, compreender que amar a Deus antes de tudo é amar a si mesmo em plenitude, é buscar o profundo respeito com a criação Divina que somos todos nós, pois amar a Deus é amar sem concessões, sem estabelecimento de amarras de qualquer sorte, é amar com pureza sabendo que tal amor se coaduna com o aperfeiçoamento de si e de outrem.

Jesus vai mais além ao afirmar que é necessário amar o próximo como a si mesmo. Nessa perspectiva, verificamos a existência de um ciclo muito bem constituído, pois, sabendo que amar a Deus é amar a sua criação da qual somos parte integrante, somos levados a entender que amar o próximo como a nós próprios é desenvolver em nós a capacidade do auto amor. Pois jamais conseguiremos amar ao outro se não desenvolvermos, em nosso mais íntimo da consciência, o amor por nós mesmos.

Dessa maneira compreendemos que quando Jesus nos ensinou, em seu maior mandamento, amar a Deus acima de todas as coisas e ao próximo como a nós mesmos, estava nos despertando que o fundamental, em se tratando do exercício da religiosidade, é amar. Além disso, neste ensinamento se encontra a expressão mais completa da caridade, pois nele resume todos os deveres do homem para com o próximo, deixando bem claro ser essa a melhor maneira de se combater o orgulho e o egoísmo.

O amor ensinado por Jesus transcende a dimensão humana. Ele vai muito além das nossas meras relações familiares e sociais. Em sua mensagem, o Divino Irmão nos coloca o sentimento permeado de incondicionalidades, ou seja, é a expressão mais pura de se enxergar no olhar e no lugar do outro.

Em geral, dizemos que amamos os nossos próximos mais próximos tais como pais, cônjuges, filhos e até, às vezes, pessoas fora do nosso círculo familiar, contudo, o amor apresentado por Jesus encontra sublimação na nossa relação com o próximo mais distante, aquele que, fora de nosso convívio cotidiano, se configura como irmão, independente de credo, posição social, cultural, geográfica etc.

A expressão de amorosidade de Jesus é aquela que leva ao despertamento da fraternidade mais pura e indelével fazendo com que cada ser se encontre plenamente na harmonização com o outro distanciando-se de sentimentos mesquinhos.

Devemos lembrar, ainda, que Jesus em seu imenso amor, recomendou-nos a amar os nossos inimigos, esclarecendo-nos da necessidade do perdão, de conquistarmos o inimigo pelo amor e pela prática do bem.

O Evangelho Segundo o Espiritismo nos ensina que se o amor ao próximo é o princípio da caridade, amar aos inimigos é a sua aplicação máxima, pois esta virtude é uma das maiores vitórias sobre o egoísmo e o orgulho. Amar aos inimigos, segundo este ensinamento de Jesus, é não ter contra eles nem ódio, nem rancor, nem desejo de vingança. É perdoar-lhes sem impor condições, não colocar nenhum obstáculo à reconciliação. E desejar-lhes todo o bem possível.

Certamente em nossa condição de espíritos ainda falhos nas nossas posturas morais e, por isso mesmo, ainda grandes necessitados de entendimento dessa máxima de Jesus, pois o ideal seria já termos alcançado o patamar de compreendermos que não há contendores na caminhada evolutiva e sim, irmãos fraternos tão necessitados uns quanto outros.

No episódio em que Jesus encontra aquela samaritana, junto ao poço e pede água, sabendo ser aquela mulher parte de um povo em histórica desavença com a nação judaica, Jesus expressa, ao mesmo tempo em que nos ensina, que o amor transcende concepções divisórias entre povos.

"Como, sendo tu judeu, pedes de beber a mim, que sou mulher samaritana?" Jesus lhe replicou: "Se conhecesse o dom de Deus e quem é o que te pede: dá-me de beber, tu lhe pedirias, e ele te daria água viva".

O ensinamento de amor não poderia ser mais claro. Aos olhos dos espíritos ainda imersos no flagelo da divisão pareceria que Jesus estaria desrespeitando aquela mulher, contudo, a oportunidade apresentada é a da amostragem que o amor não requer nacionalidades, apenas corações abertos ao melhoramento moral.

O amor é o impulso que motiva um indivíduo na direção de outro sem as amarras dos conceitos terrenos que estabelecem fronteiras entre estes.

Na obra "Construção do Amor", pela psicografia de Francisco Cândido Xavier, Emmanuel nos assinala que:

> Sem alicerces, a casa não se levanta. Sem esforço, a lavoura não produz. Assim também, no campo da habilitação espiritual do homem para a vida eterna, somente se eleva quem se devota à ascensão e somente alcança a luz divina quem lhe prepara adequado combustível na candeia da própria alma. XAVIER (1988)

Assim, sem nos reconhecermos parte de um todo divino não ergueremos as bases do amor que

Jesus nos ensina através de seus exemplos, e tão pouco, sem o nosso esforço laborativo de soerguimento coletivo, jamais alcançaremos a condição de espíritos renovados, daí a urgente necessidade de assumirmos a exemplificação de Jesus na vivência do amor sob as mais diversas nuanças.

Para alcançarmos tal dimensão do amor se faz necessário que o compreendamos na sua integralidade e pratiquemos três conceitos fundamentais. A Doutrina Espírita nos propõe uma sigla, pequena em seu tamanho e agigantada em sua mensagem, que é o BIP. Bondade para com todos, Indulgência para com as imperfeições alheias e Perdão das ofensas.

Gerson Monteiro, em publicação no Jornal Momento Espírita de 2010, nos aponta que ser benévolo significa ser uma pessoa do bem. Não quer dizer que seja perfeita, mas que é portadora de boa índole, pois é incapaz de fazer o mal a quem quer que seja, pois, a indulgência é uma caridade moral. A pessoa indulgente não vê os defeitos do próximo, ou se os vê evita falar deles. O perdão das ofensas é o esforço de não enxergar que sempre nos achamos com a razão e que sempre foi o outro a nos ofender.

Portanto, quando estivermos emocionalmente em perigo, lembremos de ouvir o "BIP" da Caridade: (B) de benevolência, (I) de indulgência, e (P) de perdão

Para finalizar, devemos lembrar que estamos muito longe de compreender, com profundidade, tudo que Jesus nos ensinou. Porém, é necessário que continuemos a estudar, refletir e, sobretudo, praticar seus ensinamentos; ser a "boa terra" para que sua semente possa germinar e produzir bons frutos.

E, se pontuarmos as nossas ações cotidianas pelas exemplificações amoráveis de Jesus, certamente, os frutos advindos desta semeadura serão os do amor ainda maior que aquele que semeamos.

Emmanuel, no livro Pão Nosso, pela psicografia de Francisco Candido Xavier, na lição número 64, traça uma linha definida de como deve, e será o Homem que se exemplifica com Jesus, ao dizer:

O HOMEM COM JESUS

"Regozijai-vos sempre no Senhor; outra vez digo, regozijai-vos."
Paulo. (Filipenses, Capítulo 4, Versículo 4.)

Com Jesus, ergue-se o Homem
Da treva à luz...
Da inércia ao serviço...
Da ignorância à sabedoria...
Do instinto à razão...
Da força ao direito...
Do egoísmo à fraternidade...
Da tirania à compaixão...
Da violência ao entendimento...
Do ódio ao amor...
Da posse mentirosa à procura dos bens imperecíveis...
Da conquista sanguinolenta à renúncia edificante...
Da extorsão à justiça...
Da dureza à piedade...
Da palavra vazia ao verbo criador...
Da monstruosidade à beleza...
Do vício à virtude...
Do desequilíbrio à harmonia...
Da aflição ao contentamento...
Do pântano ao monte...
Do lodo à glória...

Homem, meu irmão, regozijemo-nos em plena luta redentora!

Que píncaros de angelitude poderemos alcançar se nos consagrarmos realmente ao Divino Amigo que desceu e se fez exemplo para todos nós?

Certamente, a busca pelo viver a partir do prisma do amor ensinado por Jesus é, antes de tudo, uma escolha pelo irmanar-se à coletividade de espíritos que caminham pelas múltiplas estradas evolutivas, cada um à sua maneira e seu tempo, com o precípuo desejo de chegar à casa do Pai.

E nesse caminhar, as palavras de Mestre Jesus são o farol a iluminar os nossos passos. "Bem-aventurados os que ouvem a palavra de Deus e a guardam". Ou seja, aqueles que ouvem as palavras oriundas do Pai e as guarda no íntimo do coração, caminha envolto no amor que é a expressão maior de Jesus.

A missão do Homem inteligente na terra

O Evangelho Segundo o Espiritismo, no seu capítulo oito, que aborda a pureza de coração, o espírito Fernando, em Bordeaux, 1862, traz uma mensagem que, podemos afirmar sem que paire qualquer dúvida, é extremamente atual.

O princípio espiritual humano, criado simples e ignorante e com um imenso potencial de qualificações é a individualização de consciência quem nós chamamos de Espírito. Somos cada um de nós. E mesmo no momento da individualização, a partir do fluido cósmico universal pela vontade e imenso amor de Deus, nós já trazemos no DNA espiritual esse germe chamado de inteligência.

Essa capacidade de conhecer-se, conhecer o outro, conhecer o meio em que habita e transformá-lo. Esse princípio está presente dentro de cada um de nós, repito, espíritos individualizados pelo amor de Deus e com o propósito maior de evoluir e alcançar a condição de espíritos depurados por seu esforço e merecimento.

Individualizados que somos, nós carecemos de passar por diversos estágios e em cada um desses estágios vamos ampliando o cabedal de conhecimentos inerentes a cada estágio de evolução. Se compreendemos que o leque de conhecimentos intelectuais e morais se ampliam em cada experiência, é crível dizer que não há existência perdida, pois por mais que em uma determinada encarnação o espírito se mostre resistente ao auto aprimoramento, ainda assim, aquilo que já foi construído em nível de compreensão e amor não será perdido não sendo necessário que o espírito recomece do zero a sua caminhada de evolução. Assim, não há nenhuma existência que não produza alguma aprendizagem e, quanto mais aprendizagens vamos construindo, ao longo de nossas existências, juntamos à essa aprendizagem, responsabilidades.

Quando em um determinado estágio de evolução, nada mais temos a aprender, passamos a um novo patamar. É como em uma escola. Estamos na pré-escola e quando a condição de pré-escola não mais nos oferta possibilidades de novos conhecimentos vamos para o ensino fundamental e daí para o ensino médio e para o ensino superior. A vida, compreendida em duas dimensões, também é assim. As existências de uma vida também se processam dessa maneira.

E é, nessa perspectiva, que a inteligência vai se desenvolvendo gradativamente através de nossas experiências, sejam na dimensão material ou na erraticidade.

Ao longo dos milhões de anos que habitamos este planeta, ainda de provas e expiações, ainda tem ele muito a nos ensinar para que nós, espíritos ainda imperfeitos, evoluamos a cada dia.

Certo é que evoluímos sempre, porém, nenhum de nós evoluímos de maneira retilínea em relação ao outro, até porque Deus jamais deixou de criar novos espíritos como bem nos assevera Kardec, em O Livro dos Espíritos, na questão 80, ao perguntar: *a criação dos Espíritos é permanente, ou só ocorreu no início dos tempos?* E a resposta não poderia ser mais esclarecedora. A espiritualidade superior vai nos dizer em reposta que: "*É permanente, Deus nunca parou de criar.*"

Tal assertiva apresentada pelo Homem de Lion, nos leva a compreender que evoluímos em diferentes tempos e modos. Se assim não o fosse não teríamos um Deus plenamente justo, pois criaria Ele, espíritos diferenciados em relação a outros.

Certo é que o conhecimento humano foi se desenvolvendo gradativamente. No período da pedra lascada não se tinha o domínio do fogo, hoje o utilizamos nas nossas atividades, desde as mais rudimentares, por exemplo preparar uma comida até a transformação de elementos como o ferro, entre outros é prova *in contest* que a nossa capacidade de aprender é inegável.

Em todo esse processo a inteligência se fez em desenvolvimento contínuo permitindo ao Homem estabelecer, a cada período, novos patamares evolutivos. Porém, quando observamos que intelectualmente muito avançamos o mesmo não se pode dizer de nossa dimensão moral.

É nesse viés que tratamos de inteligência e do papel de cada um de nós em nossa casa, na sociedade, no trabalho etc.

Ao Homem inteligente, uma primeira característica de evolução é o de não nos orgulharmos do conhecimento que temos. O espírito Fernando, na reunião de Bordeaux, a qual nos referimos anteriormente, fala exatamente dessa necessidade de vencermos o orgulho do autoconhecimento.

De que nos adiante nos orgulharmos de um conhecimento alargado se não somos capazes de enxergar no nosso próximo alguém que é reflexo daquilo que nós também o somos. Alguém que tem as mesmas perfectibilidades que as nossas ou as mesmas imperfeições que ainda detemos nas nossas atitudes?

Muitas das vezes nos colocamos em um nicho apartado de todos em função de um título acadêmico, seja ele qual for, das posses materiais que detemos ou do numerário que possuímos em uma conta bancária. Mas de que me serve tais coisas se não somos capazes de viver em plenitude sem a presença do outro?

Assim vemos que se nossa inteligência não for utilizada para construir a comunhão de ideais de evolução coletiva, ela nada mais será que instrumento de nosso estacionamento evolutivo.

Muitas vezes nos achamos carregando uma imensa pasta de títulos e certificados acadêmicos, ostentando-os como se únicos nós fossemos, mas o verdadeiro certificado, que é o da vida de amor, de proximidade fraterna, de relação com o outro se encontra ausente do nosso fardo, pois ainda não nos despertamos para enxergar que tudo o aquilo que Deus nos concede tem por função primeira a evolução de si e do outro.

Um questionamento necessário a se fazer é: qual é a régua pela qual medimos o outro? Se for a régua do nosso orgulho, certamente, ainda estaremos na condição de espíritos obtusos que não entendemos a mensagem de Jesus.

Portanto, quando o espírito Fernando nos diz que o Homem inteligente não deve orgulhar-se do que sabe, está nos chamando a atenção para o muito que ainda há por aprender, por se melhorar, por evoluir.

Quando assumimos o conhecimento que já alcançamos em nossa condição, reconhecendo a necessidade de buscar, diuturnamente, ser melhor sob todos os aspectos, nós poderemos então contribuir com a evolução daqueles que ainda não atingiram o mesmo patamar que o nosso. Se ao contrário, uso a inteligência para espezinhar e provocar o distanciamento de irmãos de nosso convívio estamos certificando ao mundo o quanto não abalizamos a nossa inteligência com as máximas de Jesus, tão bem inscritas na bandeira de amor do espírito Ismael ao apresentar como lema: Deus, Cristo e Caridade.

Então, a missão do Homem inteligente sobre a terra, passa necessariamente por compreender que as capacidades e habilidades que Deus nos concede são para o adiantamento coletivo e que toda posse material é transitória. Que todo o conhecimento conquistado deve ser movido na direção do aperfeiçoamento coletivo da humanidade e por consequência do próprio planeta.

Ser inteligente sobre a terra é reconhecer-se devedor da providência divina que a tudo nos provê para o aperfeiçoamento e nos afastarmos das iniquidades levando-nos a nos aproximar da angelitude moral tão bem ensinada por Jesus.

Paulo, o apóstolo dos gentios, em sua carta aos Coríntios, nos fala do amor caridade e, todo aquele que se reconhece um espírito em processo de autoconstrução de sua própria senda moral e se reveste do necessário amor e da necessária humildade em se reconhecer inteligente pelas boas obras que realiza em prol de todos, certamente está caminhando na direção de sua verdadeira missão na terra e, ao agir de tal forma, estará dando o real valor que o Pai espera de nós.

Por fim, nos fica a admoestação do espírito Fernando, a alertar para o uso que fazemos da inteligência que recebemos de Deus, quando diz:

A inteligência é rica de méritos para o futuro, mas, sob a condição de ser bem empregada. Se todos os homens que a possuem dela se servissem de conformidade com a vontade de Deus, fácil seria, para os Espíritos, a tarefa de fazer que a Humanidade avance. Infelizmente, muitos a tomam instrumento de orgulho e de perdição contra si mesmos. O homem abusa da inteligência como de todas as suas outras faculdades e, no entanto, não lhe faltam ensinamentos que o advirtam de que uma poderosa mão pode retirar o que lhe concedeu. –

Ferdinando, Espírito protetor. (Bordéus, 1862.)

Então, o que temos feito da missão de contribuir com o aperfeiçoamento de si, do próximo e do planeta?

Educação para a vida e para a morte em uma perspectiva espírita

As discussões acerca dos conceitos de religiosidade sempre estiveram presentes na existência humana. Desde os primórdios da civilização a necessidade de compreender a existência de um organizador da vida, sob seus mais diferentes aspectos, se fez presente e moldou comportamentos e atitudes do Homem. Paralelo a essa realidade, igualmente se desenvolveu o processo educativo que, ao longo dos anos, foi se aperfeiçoando até chegarmos ao modelo que conhecemos na atualidade como sistematizador educativo. Ainda na atualidade, as sociedades, em sua maioria, compreendem a vida como um período no qual um corpo, derivado de outro corpo, passa a respirar e, assim sendo, compreendem a vida apenas no plano físico, no entanto, a falência desta porção de matéria - ocorrida por diversos motivos, seja pelo esgotamento natural da vitalidade, seja por danos causados por ações do espírito que o habita – a qual denominamos morte não encerra a vida. Há sim duas transformações que se põem em curso. Uma é eminente biológica. A matéria, sem o elemento fluídico que lhe anima entra em processo de decomposição para se transformar em outro elemento que será reintegrado ao ambiente material e o elemento espiritual que, preexiste ao corpo e pós existe a ele, é alçado aos domínios que agora lhe são peculiares de acordo com os seus construtos morais angariados durante a sua última existência. São nesses constructos morais que nos ateremos, a partir de agora, para discutirmos a educação do Homem como forma de construir a consequente existência imortal, em espírito.

A educação enquanto processo de aquisição de novos saberes é parte integrante do processo de evolução do Homem, tanto no plano material quanto no plano espiritual. Quando dizemos que a educação é benéfica para a existência material estamos falando do melhoramento das condições de convivência consigo, com o outro e com o ambiente que o rodeia. É através da educação sistematizada que, ao longo de uma existência, nos tornamos médicos, advogados, engenheiros e, sobretudo professores. Esses assumem uma responsabilidade maior ante o processo de evolução humana, uma vez que está sobre seus ombros a responsabilidade com a formação da sequência da vida material. As condições materiais que conquistamos até o presente é resultado de uma educação que nos prepara para a vida material. Nas escolas, todas as disciplinas ofertadas têm como propósito fim a melhoria de condições materiais para o ser.

Se nessa perspectiva enxergamos o Homem em constante processo de evolução material, o mesmo não é tão perceptível quanto à dimensão moral dessa existência. Há, na atual filosofia educacional, um largo investimento no TER em detrimento do SER. Nesse sentido, a população humana tem priorizado a conquista dos bens materiais sem que haja uma recíproca preocupação com os valores morais que devem conduzir a conquista do material.

É neste ponto que os profissionais de educação necessitam estabelecer, inicialmente para suas próprias existências e, em consequências para os seus alunos, a construção de valores de amor, concórdia, respeito, solidariedade e caridade.

A mudança de direção de nossas existências, nós espíritas, chamamos de reforma íntima e diz respeito ao conjunto de bons valores morais que vão sendo adquiridos com o processo de educação tanto tecnicista quanto espiritual. Quando dizemos da necessidade de cultivar, cotidianamente, o amor ao próximo, o partilhar, o enxergar-se como igual vencendo o orgulho, dizemos da necessidade de construir e contribuir com a construção do outro um universo de evolução tanto intelectual quanto moral.

Francisco Cândido Xavier, em psicografia de André Luiz (1944/2010), diz que:

> (...) a Humanidade terrena aproxima-se, dia a dia, da esfera de vibrações dos invisíveis de condição inferior, que a rodeia em todos os sentidos. Mas, segundo reconhecemos, esmagadora percentagem de habitantes da Terra não se preparou para os atuais acontecimentos evolutivos. E os mais angustiosos conflitos se verificam no sendal humano. A Ciência progride vertiginosamente no planeta, e, no entanto, à medida que se suprimem sofrimentos do corpo, multiplicam-se aflições da alma. Os jornais do mundo estão cheios de notícias maravilhosas, quanto ao progresso material. Segredos sublimes da Natureza são surpreendidos nos domínios do mar, da terra e do ar; mas a estatística dos crimes humanos é espantosa. Os assassínios da guerra apresentam requintes de perversidade muito além dos que foram conhecidos em épocas anteriores. Os homicídios, os suicídios, as tragédias conjugais, os desastres do sentimento, as greves, os impulsos revolucionários da indisciplina, a sede de experimentação inferior, a inquietação sexual, as moléstias desconhecidas, a loucura, invadem os lares humanos.

O espírito André Luiz, nos fala dessa evolução no campo das ciências, no desenvolvimento da intelectualidade, nas condições de existência terrena que se desenvolvem de maneira vertiginosa e ao mesmo tempo demonstra sua preocupação com a assunção de valores morais cada vez mais desprestigiados.

Nesse sentido, como está imerso em nosso "DNA" a aspiração pela evolução priorizamos o agora, o imediatismo do ter e nos esquecemos de que a existência na matéria é transitória, mas que traz severas consequências para as futuras reencarnações.

Quando falamos de espiritualidade, necessariamente falamos de construções coletivas de relações de harmonia consigo e com o outro. Não se constrói harmonia e, consequentemente evolução, para si se não se consegue se relacionar com aqueles que estão à volta. É exatamente nesse campo no qual o desenvolvimento das relações humanas carece de ser implementada de maneira mais profunda e capaz de gerar transformações além de pessoais, também sociais.

A existência espiritual é seguramente imortal, conforme nos afirma Kardec (1857; 2012):

> Segundo outros, enfim, a alma é um ser moral, distinto, independente da matéria e que conserva a sua individualidade após a morte. Esta concepção é incontestavelmente a mais comum, porque, sob um nome ou outro, a ideia desse ser que sobrevive ao corpo se encontra em estado de crença instintiva, e independente de qualquer ensinam, entre todos os povos, qualquer que seja o seu grau de civilização. Essa doutrina, para a qual a alma é *causa e não efeito é* a dos *espiritualistas.*

Portanto, a individualidade que chamamos de espírito é imortal e sobrevive ao desaparecimento do corpo físico deixando para traz tudo aquilo que é material, contudo todo o conjunto de valores morais e intelectuais são levados uma vez que não é o corpo que pensa e sim o espírito, não é o corpo que aprende, mas sim o espírito, não é o corpo de ama, mas sim o espírito, não é o corpo que evolui moralmente, mas sim o espírito. Porém, não é o espírito que morre[2] e sim o corpo físico.

Dessa forma, compreendemos que educar para a imortalidade é entender que a vida é eterna e que

---

[2] Entendemos morrer como o processo de transformação biológica pelo qual passa um corpo após o desencarne do espírito.

passa por contínuas existências e que a cada existência há um processo de absorção de novos conhecimentos tanto intelectuais quanto morais, contudo a decisão por esta construção não nos é imposta por Deus, mas sim assumida por cada um de nós enquanto individualidades pensantes e transformadoras.

Educar, por fim é contribuir de forma amorosa e solidária para o melhoramento do outro e, por consequência, do nosso próprio melhoramento. Educamos não para o hoje, mas sim para a imortalidade. Educamos pelo e para o espírito, portanto tenhamos sempre em mente que estamos em diferentes graus de evolução e, assim sendo, aprendemos de forma diferente e em tempos diferentes. Cabe a todos nós, em especial aos que assumem a honrosa e dignificante missão de educar, assumirmos o lugar de fala do protagonismo social e educacional de direcionarmos os nossos irmãos aprendentes para a absorção de conhecimentos intelectuais, mas que estejam aliados no mesmo pé de igualdade com os conhecimentos morais que direcionam a existência para viver em plenitude aquilo que o Mestre Jesus nos ensina em seu andamento maior: Amar a Deus sobre todas as coisas e ao teu próximo como a ti mesmo.

Por fim, cabe-nos dizer que devemos sempre educar para a vida em sociedade a partir dos princípios morais os quais nos fazem construtores de um mundo melhor, de uma existência melhor, de uma vida melhor.

A Reencarnação e a evolução humana

Muito se tem falado a respeito da reencarnação, nas mais diversas perspectivas religiosas. Seja asseverando a sua existência, seja negando que tal processo seja real.

Para a Doutrina Espírita, a reencarnação é, sem qualquer sombra de dúvida, uma realidade vivenciada por todo e qualquer espírito ansioso por seu auto melhoramento moral e/ou intelectual ou mesmo por aqueles que ainda não compreendem sua dimensão de ser imortal.

Allan Kardec, em sua obra O espiritismo na sua expressão mais simples, lançado pela FEESP, em 1989, nos assevera que

> O Espiritismo não ensina nada de novo, é verdade; mas não é nada provar de modo patente, irrecusável, a existência da alma, sua sobrevivência ao corpo, sua individualidade depois da morte, sua imortalidade. Kardec (1862).

O codificador nos fala de que nada de extraordinário há na Doutrina Espírita, apenas vem confirmar, de maneira insofismável, as verdades patentes que sempre existiram, mas que a humanidade ainda não estava devidamente amadurecida para compreendê-las. Assim, o espiritismo vem, em sua consoladora missão, trazer clareza aos temas ainda imersos no obscurantismo do desconhecimento humano e desencadear novas investigações sobre a dimensão espiritual que até então eram tidas como coisas privativas de uma casta iluminada.

A ideia da reencarnação surgiu, historicamente falando, no norte da Índia entre os anos 1.000 e 600 AC, na época em que Davi e seus descendentes governavam Israel até a queda de Jerusalém. A primeira referência à ideia de reencarnação tem no mínimo 2.600 anos. Aparece nas Upanichades, as escrituras sagradas do hinduísmo, até hoje a maior religião da Índia. Como o hinduísmo é o grande progenitor das chamadas religiões orientais e de outras nascidas no Ocidente, essas religiões se incumbiram de repassar por todo o mundo a teoria de que a alma habita diversos e diferentes corpos através dos séculos.

Apesar da reencarnação ser largamente aceita por diversas culturas e, historicamente, se configurar como uma das mais antigas do ocidente, sendo mencionada, por diversas vezes, de maneira clara por Jesus e que foi obscurecida por interesses meramente terrenos e adequados aos propósitos de grupos que viam em tal tema uma possibilidade de enfraquecer certos dogmas que permitiriam ao homem comum se esclarecer quanto às necessidades de amadurecimento espiritual, tal conhecimento foi posto na condição de privado à uma casta de pseudos-instrumentadores da vontade de Deus.

Certamente não adentraremos, nesta obra, em tal perspectiva histórica por não fazer parte de nosso intuito inicial de apresentar temas tratados pela Doutrina Espírita, contudo, não podemos nos furtar a inegável manipulação que foi realizada com o objetivo de manter o povo na condição de desconhecedores de um porvir de resgate de nossas imperfeições e melhoramento moral.

A reencarnação achava-se então imersa nesta condição e, por muito tempo, foi tratada como "coisa do diabo" e que pensar ou discutir tal tema era uma porta aberta para o reino dos infernos.

A palavra reencarnação, linguisticamente falando, vem do latim *incarnare (*encarnar*),* em bom português, reencarnar, ou seja, voltar à carne.

É possível dizer que a crença na reencarnação é o ponto crucial de diferença entre a Doutrina Espírita e boa parte de outras religiões ao redor do mundo. Ela é capaz de explicar nossa missão na terra, a ligação entre a vida material e a espiritual e como se dá o melhoramento progressivo da humanidade.

Para compreender reencarnação é necessário primeiro entender a existência do mundo material e do mundo espiritual.

O primeiro é visível aos olhos humanos encarnados e pode ser modificado para atender as necessidades existenciais do espírito em experiência material, já o segundo é invisível aos olhos do corpo físico. Em palavras mais simples, podemos dizer que o mundo material é um tipo de cópia do mundo espiritual, sem as mesmas perfectibilidades.

Para a Doutrina Espírita, todo homem terreno é um espírito encarnado e seu corpo físico passa pelas fases normais da existência: infância, adolescência, juventude, madureza e velhice. O corpo desgasta-se pelo tempo, pelos vícios e pelos usos inadequados que fazemos dele. Chegado o momento da extinção do corpo físico, o indivíduo deixa a veste terrena e, assim, se dá a desencarnação, ou seja, a passagem do espírito para o plano espiritual.

Allan Kardec em O Evangelho Segundo o Espiritismo define reencarnação como “a volta da alma ou espírito à vida corpórea, mas em outro corpo especialmente formado para ele e que nada tem de comum com o antigo”.

Nos instrui a Doutrina Espírita que a reencarnação é uma das oportunidades que temos de corrigir nossos erros e aperfeiçoar os acertos, mediante as nossas escolhas ao longo da experiência encarnada ou na erraticidade.

A consoladora doutrina ensina que Deus cria os espíritos simples e ignorantes, isto é, sem a noção e sem o conhecimento do bem e do mal, mas com igual aptidão para tudo. Ao longo das encarnações o espírito comete erros, aprende, reflete e tem experiências que o marcam profundamente, mas sempre com o objetivo de passar de uma ordem espiritual inferior para outra mais elevada.

Com exceção dos espíritos de primeira ordem, que já alcançaram um estágio evolutivo que os colocam na condição de espíritos perfeitos, todos os outros devem reencarnar sucessivas vezes, pois estamos em aprendizado constante.

Ao término de cada passagem terrena é possível avaliar a evolução espiritual e, com a ajuda de mentores, resolver se é melhor permanecer no plano espiritual, atuando positivamente em auxílio aos encarnados, ou se seria o momento certo de voltar à Terra.

Fica claro que a reencarnação é a mais alta expressão da justiça divina que não condena ninguém aos sofrimentos eternos por causa dos erros de outras existências, muitas vezes cometidos em momentos de insanidade. A reencarnação, ou seja, os inúmeros corpos de que se serve um mesmo espírito em sua caminhada pela imortalidade, explica melhor a diversidade de destinos e de aptidões que são vistas na Terra.

O processo de reencarnação nunca acontece sem um objetivo ou motivo, pois os espíritos podem estar em missão, provação ou expiação.

A missão é a tarefa ou o poder conferido a alguém para realizar algo. Porém, vale ressaltar que encarnar em virtude de uma missão somente ocorre para aqueles que já alcançaram a condição de, por amor, auxiliar os outros na jornada.

A provação é a dádiva divina de avaliar as próprias condições e perceber se já possui condições de vencer os percalços existenciais. Já na expiação acontece a grande parte das reencarnações, ou seja, é a oportunidade que Deus nos dá para aprendermos com os nossos próprios erros e resgatar equívocos cometidos perante a Lei de Deus, que está inscrita na consciência de cada um.

Um espírito pode reencarnar quantas vezes necessitar para o seu desenvolvimento, sem perder sua individualidade e a cada encarnação o espírito recebe a influência do novo corpo, do novo ambiente físico e sociocultural, da nova família, dos amigos, etc.

O Espiritismo afirma ser constante, que um espírito desencarnado volte ao planeta de origem como um membro da família que um dia deixou. Isso porque a família é o ponto de encontro, é a escola onde os seres se juntam para evoluir.

A família terrena é reflexo da família espiritual e, a reencarnação em tais núcleos seguem leis universais que são imutáveis. A afinidade que congrega os espíritos é um dos fatores que aproxima os seres espirituais, contudo não é o único. Outras nuanças estão presentes neste agrupamento de pessoas como por exemplo: as necessidades de aprendizagem que cada espírito apresenta e o amor para auxiliar a que o outro se devote à missão de servir.

Finalizando, então, em O Livro dos Espíritos, Kardec indaga na questão 132: Qual o objetivo da encarnação dos Espíritos? E a resposta, de pronto, vem atender as nossas curiosas expectativas, ao dizer:

> Deus lhes impõe a encarnação com o fim de fazê-los chegar à perfeição. Para uns, é expiação; para outros, missão. Mas, para alcançarem essa perfeição, têm que sofrer todas as vicissitudes da existência corporal: nisso é que está a expiação. Visa ainda outro fim a encarnação: o de pôr o Espírito em condições de suportar a parte que lhe toca na obra da criação. Para executá-la é que, em cada minuto, toma o Espírito um instrumento, de harmonia com a matéria essencial desse mundo, a fim de aí cumprir, daquele ponto de vista, as ordens de Deus. É assim que, concorrendo para a obra geral, ele próprio se adianta". Kardec (LE. 2005)

Com base nos ensinos trazidos à luz do mundo por Kardec, compreendemos que a reencarnação nada mais é que mais uma dádiva divina que nos permite o melhoramento individual e coletivo e que tal se reveste da justiça que a todos acolhe de acordo com os merecimentos conquistados pelos esforços empreendidos com o fim de se alcançar a sublimação de espírito.

Reforma Intima: caminho para evolução

A reforma íntima é um permanente processo de busca pelo conhecimento da nossa própria intimidade espiritual e seus efeitos atuam na modelagem progressiva na vivência evangélica em todos os sentidos da nossa existência.

É a necessária metamorfose do homem velho, carregado de tendências e erros seculares para o homem novo, atuante na implantação dos ensinamentos o Divino Mestre, dentro e fora de si.

O auto refazimento é o meio de nos libertarmos das nossas imperfeições e de executarmos o trabalho de burilamento íntimo, nos conduzindo de forma compatível com as aspirações que nos levam ao aprimoramento do nosso espírito.

A transformação dos valores aquinhoados durante as existências são de elevados padrão quando se volta o homem para sentimentos de amor, justiça e caridade, mas também o são de natureza mais inferior como orgulho, ódio, rancor, sentimento de vingança se direcionamos a nossa existência para distante dos ensinos evangélicos do Cristo.

A proposta de autoconhecimento e, a partir disso se transformar, atua como o meio de mudança de sólidos efeitos para condição do homem encarnado que partindo da individualidade pode influenciar, com seus exemplos, toda a humanidade ainda tão distante das vivências evangélicas e assim experenciar sentimentos mais elevados à luz da doutrina do Cristo.

É urgente nos enfileirarmos ao lado dos batalhadores das últimas horas, pelos nossos testemunhos exemplificadores, respondendo aos apelos do plano espiritual e nos integrando na preparação cíclica dos novos tempos de regeneração que se aproximam.

A reforma íntima precisa, primeiramente, começar dentro de nós mesmos, e essas transformações irão se refletir em todos os campos de nossa existência, seja no relacionamento com familiares, colegas de trabalho, amigos e inimigos e, ainda, nos meios em que colaborarmos desinteressadamente com serviços ao próximo.

Muitas vezes temos nos indagado qual seria o tempo ideal para começar a nossa reforma íntima. Ponderamos se o tempo de abandonar certos costumes que vem desde o berço familiar já seria no hoje. Igualmente nos questionamos se estaríamos prontos para fazer alguns "sacrifícios" em prol de uma existência melhor.

Certamente, o momento é agora e já; não há mais o que esperar. O tempo passa e todos os minutos são preciosos para as conquistas que precisamos fazer no nosso íntimo. Cada instante em que nos mantemos ligados à materialidade, desde suas formas mais simples e corriqueiras até as condições mais densas e torpes, nos atrasamos no autoconhecimento e, por consequência, nos atrasamos na caminhada evolutiva de nós mesmos.

Portanto, buscar realizar a nossa reforma íntima é uma tarefa urgente para cada um de nós. Não porque alcançaremos a condição de "santos", mas sim porque nos reconheceremos pessoas melhores com foco nos ensinamentos de Jesus.

Ao decidirmos iniciar o trabalho de melhorar a nós mesmos, um dos meios mais efetivos é a busca por perceber equívocos mais frequentes, conceitos mais arraigados e distanciados dos preceitos Crísticos de amor.

A Doutrina Espírita oferta, como meio para auxiliar essa renovação, algumas ferramentas que, em muito, nos auxiliarão. O Estudo Sistematizado da Doutrina Espírita é uma dessas ferramentas pois, a partir dele passamos a descobrir um novo prisma de orientação e de meios na condução de nossa existência presente.

Outra importante ferramenta é o Diálogo Fraterno oferecido na maioria das casas de orientação espírita. Nesse, o autoreformante[3] tem a oportunidade de esclarecer dúvidas, falar de suas dificuldades sem olhar julgador de alguém e sim, apenas o afago amoroso de um irmão que pode nos servir de orientador na necessária transformação moral que a reforma íntima nos propõe.

Com a orientação dos dirigentes, num regime disciplinar, apoiados pelo próprio grupo e pelo amparo da espiritualidade superior, conseguimos ultrapassar as barreiras das dificuldades de tão nobre empre-endimento e transpomos as nossas próprias barreiras. Doravante, o trabalho continua de modo progressivo, porém com bem mais entusiasmo e maior disposição para tal.

Mas, também, até sozinhos podemos fazer a nossa reforma íntima, desde que nos empenhemos

---

[3] Esse é um neologismo, do autor, para identificar aquele que está em processo de reforma íntima

com afinco vivendo coerentemente com os ensinamentos de Jesus.

Mas, qual seria a real necessidade de se fazer uma reforma íntima se a vida terrena me oferece tantos prazeres que me trazem momentos de felicidade? Estamos realmente entendendo o que precisamos e como realizaremos este importante passo para nossa evolução?

Os espíritos superiores nos falam sobre a importância de o Homem encontrar, nele mesmo, suas más condutas e suas tendências inferiores para nelas trabalhar com o objetivo de colher os frutos de sua boa vontade e disciplina ante as provações e às responsabilidades de progredir moralmente.

Com isso, temos então a missão de todas as existências. A evolução espiritual demanda caridade para com as imperfeições alheias, o que talvez seja o ato mais difícil atualmente. Vivemos uma época em que erros não são perdoados e mágoas são eternizadas. Vencer tais coisas é tarefa urgentíssima e não pode esperar para a próxima encarnação, pois nessa, necessitaremos vencer as tarefas daquela encarnação somada às responsabilidades adquiridas nesta presente jornada.

Por isso, é tão importante ter em mente de que a reforma íntima é, primordialmente, uma transformação do ser de hoje para a construção do ser melhor de amanhã.

Certamente que não temos responsabilidade sobre como os outros lidam com alguma situação, mas temos o DEVER de lidar com esta situação da melhor maneira possível e sendo caridosos buscando, na dúvida, o nosso maior exemplo de homem de bem que é Jesus Cristo, com certeza estaremos dando passos alargados na direção de alcançar a condição de espíritos melhores, uma vez que, se pensarmos como o Mestre agiria na situação a qual estamos nos deparando a resposta pode ser a solução que tanto buscamos.

A reforma íntima não é uma conquista que se faça em um passe de mágica ou ao longo de uma semana. Ela, demanda tempo, boa vontade, disciplina e esforço incessante de nossa parte. Muita resignação e luta contra nossas próprias tendências inferiores e principalmente estar vigilante para nossos defeitos e ter foco na tarefa de se melhorar. Ao outro cabe somente a ele mesmo buscar a própria reforma íntima, a nós, a responsabilidade, pois é, somente com as nossas atitudes, conforme nos diz Chico Xavier: "Eu permito a todos serem como quiserem e a mim como DEVO ser" que marcharemos para o almejado estado de consciência de SER o espírito reformado para o bem.

Como espíritas, ainda temos uma vantagem: o esclarecimento. Sabemos o porquê e o como de tudo que vivenciamos o que nos facilita ter o entendimento e a resignação necessários em tantos casos de nossa vida cotidiana.

Sabemos reconhecer nossas imperfeições e reconhecendo-as, podemos trabalhar de forma mais proativa em corrigí-las. Temos tanta informação trazida pelos espíritos benfeitores que fica difícil – apesar da nossa natureza imperfeita – querer responsabilizar outrem por nossos fracassos e deméritos.

Sendo assim, busquemos nos esclarecer acerca de nossos defeitos para entendê-los e corrigi-los, sendo sempre o melhor que pudermos para que nossa evolução espiritual se dê o mais rápido e o melhor possível.

Quanto antes entendermos a necessidade de melhoramento pessoal, estaremos dando a nossa parcela de contribuição no plano de amor do Pai.

A importância da Prece

Exemplifica João Batista Armani, em artigo publicado no Portal do Espírito, que ao iniciarmos uma reunião doutrinária fazemos uma prece, ao encerrarmos tal evento também fazemos uma prece, para iniciar e encerrar os trabalhos do passe igualmente fazemos uma prece, fazemos uma prece nos momentos alegres; e oramos também nos momentos de aflição.

O olhar do querido irmão nos traz uma reflexão bastante acentuada sobre o uso que fazemos da prece. Ela deve ser uma constante em nossa vida (da individualização à imortalidade) e por seus benéficos efeitos revelam uma perspectiva do existir que distante da prece jamais alcançaremos.

Muito se tem falado no tocante a prece, mas, é bem verdade que muito pouco ainda conhecemos do seu mecanismo de funcionamento, e talvez por isso mesmo, pouco a valorizamos e por muitas vezes ou a banalizamos ou simplesmente a esquecemos.

É bastante comum observarmos, palestras, cursos, atendimentos e etc, enfocarem quase que essencialmente as partes filosóficas e religiosas, pouco se preocupando com o seu aspecto científico.

Poderíamos, com uma boa dose de caridade, vermos tal proceder como natural, tendo em vista que o Espiritismo ainda é uma doutrina relativamente jovem com pouco mais de 160 anos[4], e a análise de seus aspectos científicos requer conhecimentos básicos, sem os quais não entenderíamos as suas explicações.

Necessário é então ter noções de física, ciências, biologia, fluidos, magnetismo, eletromagnetismo, eletricidade, telecomunicações, e tantos outros conhecimentos o que para a grande

---

[4] A presente obra foi produzida em 2021, quando a Doutrina Espírita contava com exatos 164 anos de existência, se tomarmos como data de origem o lançamento da primeira edição de O Livro dos Espíritos, lançado por Allan Kardec, em 18 de abril de 1857

maioria de nós, espíritos encarnados nesta dimensão e época, ainda parecem bastante distanciados de nossa realidade.

Trouxemos essa abordagem em virtude de a prece não estar limitada a dimensão religiosa, mas também ao viés científico, por tratar de energias fluídicas e de ações terapêuticas sobre a matéria e a semimaterialidade que é o períspirito.

Quando tratamos de prece a primeira indagação que nos aflora à cabeça é: O que é prece? Poderíamos dizer ser essa é uma projeção do pensamento de quem se coloca em condição de realizar um elevar de seu pensamento em prol do outro ou de si, ou seja, se volta verdadeiramente a experenciar o amor em toda a plenitude que lhe seja possível para estabelecer uma corrente fluídica, cuja intensidade dependerá do teor vibratório de quem ora, e nisto reside o seu poder e o seu alcance nesta relação fluídica

O homem justo e bom atrai para si a ajuda dos Espíritos Superiores que lhe inspiraram bons pensamentos que são a origem da quase totalidade de nossas ações. (primeiro pensamos, depois agimos).

É verdadeiro também que a prece é uma invocação e que por meio dela pomos o nosso pensamento em contato com o ente a quem estamos nos dirigindo.

Assim, a prece é a expressão de um sentimento que sempre alcança a Deus, quando ditada pelo coração de quem eleva seu coração ao sentimento benfazejo de louvar, rogar e agradecer.

A Doutrina Espírita nos auxilia a entender a ação da prece explicando o processo da transmissão do pensamento: quer o ser por quem se ora venha ao nosso chamado, quer o nosso pensamento chegue até ele.

Para compreender o que se passa nessa circunstância, se faz necessário considerar todos os seres, encarnados e desencarnados, mergulhados no mesmo fluído universal que ocupa o espaço. O ar é o veículo do som com a diferença que as vibrações do ar são circunscritas ao planeta Terra, ao passo que as do fluído universal se estendem ao infinito. Então, logo que o pensamento é dirigido para um ser qualquer na terra ou no espaço, de encarnado a desencarnado, ou vice-versa, uma corrente fluídica une ao outro, transmitindo o pensamento, como o ar transmite o som.

A energia da corrente está na razão da energia do pensamento e da vontade. É por esse meio que a prece é ouvida pelos espíritos onde quer que estejam; que eles se comunicam entre si; que nos transmitem as suas inspirações; que as relações se estabelecem a distância, etc.

Em seu trabalho investigatório, Allan Kardec, na pergunta 659, de O Livro do Espíritos, indaga dos mensageiros da espiritualidade superior, qual seria o caráter geral da prece. Os espíritos afirmam que pela prece podemos fazer três coisas louvar, pedir e agradecer (LE, 659). Mas o que isso significa exatamente?

Louvar é enaltecer os desígnios de Deus sobre todas as coisas, aceitando-O como Ser Supremo, causa primária de tudo o que existe, bendizendo-Lhe o nome. Em outras palavras, é o reconhecimento íntimo da existência de um único Deus donde provém todas as coisas e que, em seus atributos estão contidos valores de amor, bondade e justiça na sua mais plena e perfeita acepção. Certamente tal compreensão, ainda que para o espírito mais iluminado na terra, tal definição ainda será revestida de paupérrimos conceitos, dadas as nossas imperfeições.

Pedir é recorrer ao Pai Todo-Poderoso em busca de luz, equilíbrio, forças, paciência, discernimento e coragem para lutar contra as forças do mal, que na maioria das vezes é criado por nossas próprias imperfeições; enfim, tudo, desde que não se contrarie a lei de amor que a tudo rege sustenta a harmonia universal.

É certo que em nossas preces temos muito mais feito pedidos que louvação, pedimos muito mais que contemplamos os benefícios que o Criador tem nos dado todo os dias para o nosso melhoramento humano e espiritual.

Então, ao alcançarmos a condição mais distanciada do peditório e nos elevarmos a um patamar mais alto, vamos compreender que agradecer é reconhecer as inúmeras bênçãos recebidas, ainda que em diferentes graus de entendimento e aceitação: a alegria, a fé, a bênção do trabalho, a oportunidade de servir, a esperança, a família, os amigos, a dádiva da vida.

Muitas vezes temos observado que as preces são verdadeiros recursos de expansão dc nosso orgulho. A figura do fariseu, no episódio do óbulo da viúva é bastante ilustrativo nesse sentido. Enquanto aquela pobre senhora partilhava o pouco que tinha e o fazia de coração contrito, o fariseu fazia doação de somas vultuosas, contudo fazia questão de alardear sua doação a plenos pulmões de forma que todos aqueles que estivessem nas cercanias reconhecessem o quanto seria ele generoso para com Deus.

Nos cabe aqui duas reflexões, que mesmo simples, julgamos necessárias. Uma: a prece não precisa ser gritada, alardeada, ou do tipo prece *outdoor*, ou seja, aquela que é proferida para granjear o reconhecimento humano, para se colocar em posição de destaque ante os demais de sua comunidade. Quantas vezes temos visto preces na abertura de palestras públicas em casas espíritas que mais se confundem com uma palestra e fogem ao princípio do Louvar, Pedir e Agradecer. Isso, com o único propósito de mostrar-se eloquente e/ou conhecedor da doutrina dos espíritos. Nada alcançam, senão o cansaço das pessoas que foram a tal espaço em busca de esclarecimentos e consolação.

O outro esclarecimento necessário é que a prece deve ser constituída em simplicidade, sem rebuscamentos ou exageros. Sem pirotecnia linguística ou entonação diferenciada. A prece é, na sua essência, um diálogo entre quem a profere e o Criador.

As preces devem ser feitas diretamente ao Pai, mas também pode ser-lhe endereçada por intermédio dos bons Espíritos, que são os Seus mensageiros e executores da Sua vontade.

Quando oramos a outros seres além de Deus, é importante compreender que esses são intermediários ou intercessores, pois nada se pode obter sem a vontade de Deus.

A prece torna o homem melhor porque aquele que faz preces com fervor e confiança se torna mais forte contra as tentações do mal e Deus lhe envia bons Espíritos para o assistir, conforme nos diz o espírito Miramez ao comentar o Livro dos Espíritos na questão 660.

O essencial é orar com sinceridade e aceitar os nossos próprios defeitos, porque a prece não redime as faltas cometidas; aquele que pede perdão a Deus pelos seus erros, só o obtêm mudando sua conduta prática para o bem. Deste modo, as boas ações são a melhor prece, e por isso os atos valem mais que palavras.

Através da prece, nós podemos e devemos fazer o bem aos nossos semelhantes porque o Espírito que ora, atuando pela vontade de praticar o bem, atrai a influência de Espíritos mais evoluídos que se associam ao bem que se deseja fazer.

Entretanto, é necessário lembrar que a prece não pode mudar a natureza das provas pelas quais o homem deve que passar, ou até mesmo desviar-lhe seu curso, e isto porque elas (as provas) estão nas mãos de Deus e há as que devem ser suportadas até o fim, mas Deus leva sempre em conta a resignação.

É comum vermos irmãos equivocados na caminhada a pedirem a extinção dessa ou daquela prova que está passando. Isso denota a ausência de amadurecimento espiritual e ausência de resignação com o seu próprio processo de aprimoramento espiritual. Deve-se considerar, também, que nem sempre aquilo que o homem implora corresponde ao que realmente lhe convém, tendo em vista sua felicidade futura. Deus, em Sua onisciência e suprema bondade, deixa de atender ao que lhe seria prejudicial, daí, muitas vezes fazermos milhares de milhões de preces para alcançar determinado fim, meramente material ou fruto de nosso orgulho e/ou egoísmo e não o ver atendido. É que Deus, na sua infinda bondade evita tal "benefício temporário" que mais atrasaria a jornada de evolução.

Todavia, as súplicas justas são atendidas mais vezes do que supomos, podendo a resposta a uma prece vir por meios indiretos ou por meios de ideias com as quais saímos das dificuldades.

A prece em favor dos desencarnados não muda os desígnios de Deus a seu respeito; contudo, o Espírito pelo qual se ora experimenta alívio e conforto ao receber o influxo amoroso dos entes que compartilham de suas dores. Além do mais, o efeito benéfico da prece sobre o desencarnado é tal, que pode levá-lo à conscientização das faltas cometidas e ao desejo de se voltar ao bem.

É nesse sentido que se pode abreviar a sua pena, se do seu lado ele contribui com a boa vontade. Esse desejo de melhora, excitado pela prece, atrai para o Espírito sofredor os Espíritos em melhores condições morais que vêm esclarecê-lo, consolá-lo e dar-lhe esperanças (LE, 664).

Então, qual a importância da prece? Tomemos um exemplo prático. Se não limparmos a nossa casa, a sujeira se acumula, o mato cresce e há a proliferação de toda sorte de insetos.

No campo espiritual, se não nos preocupamos com a faxina das nossas imperfeições que ainda estão presentes em nosso psiquismo, os espíritos mais elevados moralmente se afastam (ainda que temporariamente) e as trevas de nosso animalismo toma conta de nós, favorecendo a ação de espíritos ainda endurecidos e afastados da prática do bem.

Deus atende àqueles que oram com fé e fervor e sempre lhes envia bons Espíritos para os auxiliarem. Não existem fórmulas especiais de orações, uma vez que a bondade de Deus não está voltada para as fórmulas e o número de palavras, mas sim para as intenções de quem ora. Portanto, as nossas preces devem sempre refletir a nossa dose de amor, de resignação e de coração aberto para servir.

Outro ponto bastante importante a considerar é que calcados em nosso orgulho, muitas vezes temos colocado Deus na condição de "bodegueiro" e buscamos fazer de nossas preces uma verdadeira negociação de escambo. Deus, se você me der isso, farei aquilo, ou se me conceder aquilo, em troca farei tal coisa. Ora, Deus é a causa primeira de todas as coisas e tudo que Dele provém é carregado de perfeição e as receberemos na mais justa medida do que somos merecedores ou necessitados.

Portanto, de tudo o que foi dito anteriormente, podemos concluir que a eficácia da prece está na dependência da renovação íntima do homem, em que deve prevalecer a linguagem do amor, do perdão e da humildade para que ele possa assim, de coração liberto de sentimentos negativos, agradecer a Deus a dádiva da vida. “Vigiai e Orai” nos recomendou o Mestre (Mateus C26:V41).

A Caridade

Por qual razão o comportamento caridoso não é natural em muitos de nós se temos, ao longo de nossas existências, ensinamentos, desde a mais tenra infância, de sua importância e necessidade? Que mais nos importa quando pensamos e falamos em caridade? O que vale mais: a quantidade ou a qualidade? Que formas de expressão da caridade temos posto em prática? Estamos vivendo a caridade de verdade ou, na verdade, estamos em busca de recompensas imediatas?

Muitos são os questionamentos que nos ensejam a abordar tal tema. E, certamente, esses são apenas alguns dos mais ressaltados, contudo muitos outros podem via à tona.

É fato, para a grande maioria dos espíritos encarnados, que quando se encontram empenhados nas suas próprias buscas, não conseguem perceber quem está à sua volta, e muitas vezes, muito mais próximos do que se pensa.

Em geral, estamos tão ligados ao nosso próprio interesse material que quase nunca olhamos aqueles com os quais convivemos e que se encontram tão necessitados, não apenas do pão material, mas principalmente do pão espiritual que nos alimenta para a imortalidade.

Sendo assim, deixamos de socorrer o nosso semelhante, porque acreditamos que, somente com a solução de nossos próprios desafios, é que nos tornaremos capazes de auxiliar o outro.

O comportamento caridoso não é, com certeza, ainda algo espontâneo e natural em muitos de nós. Assumir atitudes de caridade, em determinadas circunstâncias, ainda nos causa um certo desconforto e vamos construindo toda sorte de desculpas para não nos envolvermos com o próximo. Dizemos ser falta de tempo, de recursos financeiros, de jeito...

Por outro lado, na maioria das vezes nos enxergamos requerendo a caridade, de todas as formas, para nós mesmos. Mas, quanta atenção dispensamos ao próximo para fazermos de nós credores da caridade alheia? Tal resposta, apenas a nossa própria consciência a tem, pois, cada vez que cobramos do outro, mas nada fazemos em prol do irmão de jornada, estamos deixando de semear o trigal do amor e da bondade fraterna.

O Espírito Hammed ressalta:

> Muitas vezes, "doamos coisas" ou "favorecemos criaturas" a fim de proporcionar a nós mesmos, temporariamente, uma sensação de bem-estar, de poder íntimo ou de vaidade pessoal. SANTOS NETO (2007).

A caridade, vista da perspectiva material, soa apenas como fuga de nossas próprias imperfeições. Doamos roupas, comida, remédios etc não por entendermos a dor do outro, mas para nos sentirmos parte de uma coletividade, ou ainda pior, para granjear os olhares agradecidos daqueles que necessitam de tais elementos, ou ainda mais, para alardearmos ao mundo o quanto somos caridosos. Ou seja, na maioria das vezes, a nossa caridade tem sido insípida e sem ressonância moral.

Contudo, Jesus nos ensinou que, no ato de oferecimento, o que realmente importa são as motivações e intenções que geram tal comportamento caritativo. A nossa busca por reconhecimento terreno de nada vale a não ser para aflorar ainda mais o nosso orgulho. Miremos o exemplo da viúva apresentado por Jesus. Ela, partilhou do pouco que tinha para o bem coletivo, diferente do fariseu que buscava encontrar os olhos humanos a aplaudi-lo por seu gesto.

Para muitas pessoas, a caridade consiste, basicamente, em doar aquilo que já não lhes tem mais serventia, crendo que tal gesto seja o suficiente para caracterizá-los como pessoas caridosas. Entretanto, a caridade é uma disposição íntima ativa e dinâmica, que se manifesta das mais variadas formas: em pensamentos de bondade, em conselhos úteis, em alimento e recursos na hora certa, em força que reanima...

O verdadeiro comportamento caridoso é aquele que não espera ou exige reconhecimento, gratidão ou qualquer tipo de recompensa, pois ele se disponibiliza ao outro pela simples satisfação que isso lhe proporciona.

Sem dúvida, a doação de alimentos, de roupas, de medicamentos e de quantias financeiras são valiosos recursos para aqueles que sofrem e se encontram em dificuldades. E pelo fato de essas doações serem portadoras de mensagens de socorro, de esperança, de alívio e conforto, muitas pessoas conseguem recuperar a própria dignidade, encontrando, assim, motivações para continuar acreditando e vivendo.

Mas, ante os ensinamentos espíritas, podemos dizer que as doações materiais, embora importantíssimas em situações variadas, significam a caridade em sua expressão mais básica. Com o Espiritismo, a caridade abrange outros aspectos e opções, ampliando suas possibilidades de ação e prática.

Na questão 886, de O Livro dos Espíritos, temos a seguinte indagação: "Qual o verdadeiro sentido da palavra caridade, como entendia Jesus"? E a espiritualidade superior nos ensina que caridade é a "Benevolência para com todos, indulgência para com as imperfeições alheias, perdão das ofensas. Ou seja, a caridade, segundo Jesus, não está restrita à esmola material. Ela abrange todas as relações que temos com os nossos semelhantes, quer sejam nossos inferiores, nossos iguais ou superiores na escala social terrena. Ela nos conduz à indulgência porque nós somos os mais necessitados dela.

Cada comportamento nosso de benevolência, tem a possibilidade de nos preencher com pensamentos nobres e sentimentos de compaixão e piedade.

O Espírito Joanna de Ângelis define a benevolência como "um sentimento de profundo amor pelo seu próximo, de compreensão pelos seus atos". FRANCO (2004).

E é neste ponto que podemos destacar a indulgência: capacidade de aceitar e tolerar as atitudes alheias, julgando com bem menos severidade seus erros e equívocos. Mas isso se trata da caridade mais difícil de ser praticada, a caridade moral, porque simplesmente não sabemos lidar com as imperfeições alheias, compreendendo-as!

Por fim, outro aspecto da caridade na definição espírita é o perdão. E nesse ponto, carecemos de profundas reflexões, pois trata-se de um ponto bastante delicado, porque a maioria de nós ainda não conseguimos trabalhar de maneira eficiente o próprio orgulho ferido. O jargão do "perdoar é libertar-se", ou seja, desvincular-se da raiva e do ressentimento que mentalmente nos prendem ao outro deve ser um exercício de prática cotidiana.

Como nos guiarmos pela caridade, se ainda guardamos mágoa no coração? A caridade do perdão é uma atitude que posiciona a pessoa, que assim se comporta, acima da média da sociedade contemporânea. Conforme nos diz o espírito Joanna de Ângelis:

> O perdão, por sua vez, é o auge das conquistas íntimas que desidentificam o ser das próprias imperfeições, porque se dá conta do quanto necessita ser perdoado, naquilo que se refere às próprias fraquezas e delitos que tem cometido. FRANCO (2004).

A caridade é, portanto, tão fundamental para o ser humano, que ela é uma das leis de Deus para a evolução das criaturas. Não foi sem razão que os Espíritos Superiores ensinaram que *"fora da caridade não há salvação"*. Como salvar-se, sem o trabalho construtivo no bem? Como poderíamos evoluir sozinhos, sem o próximo?

Os homens precisam uns dos outros para aprenderem juntos, para trocarem afetos, para se auxiliarem mutuamente. Sem a caridade, ocorreria a frieza, a indiferença, enfim, o intensificar das dores e problemas humanos.

Praticar a caridade é ter boa vontade para com todos. É se guiar pelo amor, pela generosidade e solidariedade, pelo interesse para com o bem-estar do outro, indistintamente.

O Sermão do Monte

As "bem-aventuranças", apresentadas por Jesus no monte Tabor, são, sem dúvida alguma, palavras que nos chamam, de maneira inequívoca, para os mais altos valores de convivência cristã. É um cântico de amor e de compaixão dirigido, de forma muito especial, aos sofredores de toda sorte e nos oferece a esperança de dias de intensa e inextinguível felicidade espiritual.

É nessa perspectiva que todo aquele que já buscou colocar em prática o que Jesus nos orienta quando nos diz que quem tiver ouvidos para ouvir que ouça, pois neste discurso o Mestre nos aponta uma rota de redenção espiritual que não apenas deve ser entendida, mas sim vivenciada por cada um de nós.

Humberto de Campos, em sua obra "Boa Nova" nos assinala que difundidas as mensagens da Boa Nova, de um tempo renovado em que o amor deve suplantar a dor, todos os enfermos e derrotados da sorte buscavam beber na fonte da água da vida que era espargida por Jesus em suas pregações e ensinamentos de transformação moral.

O povo daquela época enxergava, segundo Humberto de Campos, os discípulos como o caminho mais fácil de se chegar até o Mestre e auferir Dele, as orientações para a conquista da felicidade do reino de Deus. Todos queriam o auxílio de Jesus e o benefício imediato da sua poderosa virtude.

Para todos os Espíritos, saturados de sofrimento, tanto quanto cada um de nós, muito se aplicam os esclarecimentos que Jesus transmitiu a Levi, ao dizer:

> Nas derrotas da sorte, as criaturas ouvem mais alto a voz de Deus [...]. Quem governa o mundo é Deus. [...] e o amor não age com inquietação. XAVIER (2006)

As palavras narrativas de Humberto de Campos, transcritas por Francisco Cândido Xavier se revestem de uma importância ímpar para cada um de nós, pois revela o quanto ainda somos falíveis na sagrada missão de evoluir. Somos nós, ainda hoje, derrotados de nós mesmos, falimos as próprias batalhas pela elevação moral na terra, contudo, Jesus apresenta um compêndio de ensinamentos que pode e vai, se assim o quisermos, mudar o prisma de nossa ação.

No sermão do monte, Jesus apresenta valores que à aquela época, e ainda hoje, são por demais carentes de reflexões profundas e, tais reflexões, remete ao eu interior ainda tão animalizado, dada a nossa condição moral de habitantes de um planeta de provas e expiações.

Jesus se utiliza da expressão bem-aventurados que significa "os felizes", do ponto de vista espiritual. Do ponto de vista material, porém, a expressão está mais relacionada às pessoas que possuem bens, poder ou posição de destaque na sociedade. Nesse prisma terreno, a palavra ganha ares dc soberba, orgulho e outras mais que se lhe avizinham semanticamente.

Mas o "bem-aventurados" de Mestre Jesus se volta para aqueles que estão na caminhada, ainda que sofrida e penosa, para a evolução que passa pela necessidade de transformar sentimentos doentios em elevação moral que nos coloca na condição de servidores do próximo.

E Jesus inicia seu discurso dizendo "*Bem-aventurados os pobres de espírito, porque deles é o reino dos céus*".

Ao longo dos tempos, temos feito uma leitura bastante equivocada dessa frase, atribuindo a ela valores que se distanciam bastante daquilo que efetivamente foi dito por Jesus. Mundanamente, pobres de espíritos são pessoas de baixo caráter moral e de valores de convivência duvidosos.

Os pobres de espírito do qual Jesus nos fala é contrário a tais conceitos. Os pobres de espírito são aqueles que já alcançaram a compreensão do sentimento da humildade enquanto caráter. A humildade que irmana e que serve de maneira pura e desinteressada. São aqueles que conseguem domar suas más inclinações e vencer seu orgulho pessoal em prol de uma proposta de amor.

Allan Kardec vai nos mostrar que por pobres de espírito Jesus não entende os homens desprovidos de inteligência, mas os humildes: ele disse que o reino dos céus é deles e não dos orgulhosos. A simplicidade é chave primeira para se alcançar o reino do céu. Não um céu físico, como apregoado por alguns, mas um céu espiritual, de estado d'alma em profunda e imorredoura felicidade.

O ensinamento continua dizendo: "Bem-aventurados os que choram, porque eles serão consolados". O choro a que se refere o Mestre é das imperfeições humanas ainda dominadoras de nossas percepções, são os muitos equívocos que cometemos e que Jesus vai nos apresentar a possibilidade de consolação através de edificação de valores morais elevados. O sofrimento que experimentamos terá sua terminalidade a medida em que buscarmos nos orientar pela prática da lei de amor, abandonando aquilo que nos junge às imperfeições morais e voltarmos à claridade celeste presente na vivência ensinada pelo Cristo.

Dentre os muitos valores morais, necessários na caminhada, está a mansidão de espírito. “Bem-aventurados os mansos, porque eles herdarão a terra”. Tal assertiva nos exorta ao cultivo da mansidão como elemento primordial para nossas existências. Se ainda assumimos as máximas do sou desse jeito, meu pavio é curto, é de família ou tantas outras desculpas que damos, demostra que muito ainda temos a conhecer no sentido de burilar nossas atitudes e que estamos falhando no ensinamento do “Orai e Vigiai”.

A oração nos conecta ao Criador e a vigilância constante deve ser das nossas atitudes. Os mansos que herdarão a terra são aqueles que dia a dia estão se esforçando pelo auto melhoramento.

“Bem-aventurados os misericordiosos, porque eles alcançarão misericórdia”. Muitos ainda entendem esse ensinamento como uma negociação quando na verdade, os misericordiosos que alcançarão misericórdia são aqueles que o fizeram por merecer. Ter misericórdia é buscar compreender e agir com amor nas relações com o próximo. Nos afastarmos de nosso orgulho malfazejo e estabelecer o amor como expressão maior de cada ação em todo e qualquer espaço no qual estejamos imersos.

Se cultivamos no íntimo a misericórdia, certamente, atenderemos ao ensinamento seguinte que é: “Bem-aventurados os pacificadores, porque eles serão chamados filhos de Deus”, pois a misericórdia é irmã gêmea da paz. Ser pacificador se traduz em implantar nas nossas atitudes o conceito mais amplo do que seja cultivar relações harmoniosas que nos imantam do amor mais puro, do amor ágape de qual falamos em capítulo anterior. Ser pacificador começa necessariamente por pacificar primeiramente a nós e jamais esperarmos que o outro demostre exemplos de paz para que eu comece a viver os meus, ou seja, sejamos da paz hoje, agora, já.

E, ao nos tornarmos pacificadores, em toda e qualquer situação, estaremos tendo a mais pura experiência do que seja justiça divina. E Jesus nos diz: "Bem-aventurados os que sofrem perseguição por causa da justiça, porque deles é o reino dos céus".

O homem encarnado neste planeta de provas e expiações ainda se encontra arraigado na senda do mal, que é transitório, e se perpetuará até que tenhamos a decisão de caminhar em outra direção. Cabe a nós, e somente a nós, a decisão de agir com justiça e retidão, atuar com firmeza, mas com a serenidade de quem compreende que a justiça ultrapassa, a largos passos, a dimensão terrena.

Após várias outras exortações de amor, Jesus nos chama à responsabilidade de sermos filhos e filhas de Deus. "Sede vós pois perfeitos, como é perfeito o vosso Pai que está nos céus". A perfeição apontada pelo querido irmão é aquela que nos leva a compreender que somos caminhantes de uma mesma estrada e se esse ou aquele já se adiantou um pouco mais na jornada, não é ele um apartado e sim, alguém com mais responsabilidades para com os quem vem a seguir.

A importância do sermão do monte é tanta para as nossas existências que outras linhas teológicas, não cristãs, o assumem como vórtice de conduta moral como por exemplo o Maorismo neozelândes que não tendo a figura de Jesus como referência assume esse discurso enquanto prática de orientação de seus adeptos.

Nos diz Mahatma Gandhi, pacifista por natureza, que "Se toda a literatura espiritual da humanidade perecesse, e só se salvasse o Sermão da Montanha, nada estaria perdido. " E essa é uma grande verdade, pois se buscarmos orientar o nosso viver por essas máximas perceberemos que o reino de Deus não é desse mundo, como disse Jesus, assim como também não é a vida plena desse mundo. Se pusermos em prática tais ensinamentos estaremos, neste mundo, construindo o nosso próprio mundo de felicidade que o Criador nos propõe para a imortalidade.

Espíritas, Instruí-vos!

> "Espíritas!, amai-vos, eis o primeiro ensinamento. Instruí-vos, eis o segundo. Todas as verdades são encontradas no Cristianismo; os erros que nele criaram raiz são de origem humana. E eis que, além do túmulo, em que acreditáveis o nada, vozes vêm clamar-vos: Irmãos! nada perece. Jesus Cristo é o vencedor do mal, sede os vencedores da impiedade!" – (Espírito de Verdade. Paris, 1860.)

A citação do Espírito de Verdade, trazida por Allan Kardec para o Evangelho segundo o Espiritismo é por demais eloquente e grita aos corações de maneira inequívoca a dizer da necessidade de desenvolvermos, urgentemente, a capacidade de amar e de nos instruir para espraiar o amor mais puro em verdade e plenitude.

A instrução é clara: "Espíritas! Amai-vos, eis o primeiro ensinamento; instruí-vos, eis o segundo". No entanto, a materialização dessa ação não é tão simples como à primeira vista possa parecer.

Primeiramente, aprender a amar de verdade compreende um processo profundo de auto refazimento de sentimentos e valores, como já o dissemos antes, é a necessária reforma íntima que todos precisamos efetivamente realizar. Ainda vestidos com pesado e desajeitado corpo carnal, é preciso aprender a se amar para, só a partir daí ser capaz de aprender a doar-se e compreender a divina essência do amar ao próximo.

Já diziam os hindus que o corpo é uma carruagem que, se o *piloteiro* não for habilidoso, os cavalos dos sentidos físicos é que irão decidir para onde ir. Ou seja, se não me conheço como posso ser capaz de afirmar que amo o próximo se sequer demostro amor por mim mesmo?

Sobre o amor, na Bíblia há três palavras utilizadas para designar esse sentimento: EROS (amor libidinoso), PHILIA (amor de amizade) e ÁGAPE (amor de afeição).

Eros é o amor apaixonado na sua forma sexual. É a busca do prazer, da satisfação do apetite sexual e da valorização do hedonismo do corpo. Certamente a Bíblia não faz apologia a isso e, com certeza, não o faremos aqui. Todavia, não se pode desprezar, nem subestimar Eros devido a sua força a ponto de Freud, qualificá-lo como um dos instintos principais que determinam o comportamento do Homem[5].

Por sua vez, philia é o amor que nos é apresentado no Evangelho de João, quando Jesus nos diz:

> "Este é o meu mandamento: amai-vos uns aos outros, assim como eu vos amei! Ninguém tem amor maior do que aquele que dá a vida por seus amigos. Vós sois meus amigos, se fizerdes o que eu vos mando. Já não vos chamo servos, porque o servo não sabe o que faz o seu Senhor. Eu vos chamo amigos, porque vos dei a conhecer tudo o que ouvi de meu Pai" (15, 12-15).

---

[5] O outro instinto é o da morte.

Cabe-nos lembrar que dos vários Espíritos citados nos Prolegômenos de O Livro dos Espíritos, João Evangelista é o primeiro a encabeçar a lista que tem uma relação toda especial com o amor. O amor como necessidade, como problema existencial, pois é o que dá plenitude.

Se, no processo de transição das existências inferiores para as superiores, precisamos desaprender a estratégia dominante do egoísmo, necessitamos agora, nessa nova perspectiva, aprender a amar.

É preciso aplacar o sentimento egoístico ainda habitante em nós e preencher com amor, transformando o recipiente mais denso em uma pureza de maior luminescência.

Contudo, é sempre bom lembrar que é muito difícil esquecer aquilo que se sabe fazer bem e que havia sido feito durante longas invernadas existenciais. Se o passado foi o tempo do egoísmo, o presente e o futuro precisam se recobrir das vestes do sentimento maior que nos congrega na mesma seara de luz.

O amor como amizade é preciosa atitude que exige abnegação, paciência e dedicação, sendo a amizade patrimônio eterno que guarda os corações amigos.

Já o terceiro tipo de amor, o Ágape, está ligado à questão da afeição e da caridade, sendo o tipo de amor mais presente nos textos bíblicos.

Todos os feitos de Jesus nos recomendam, de maneira direta ou indireta, que tenhamos afeição, respeito, simpatia, admiração por Deus, pelos inimigos, pelos amigos, pais etc.

O texto de Paulo de Tarso é verdadeiramente uma ode de exaltação ao amor ágape. (1Corintios, 13). Em cada palavra, se percebe a sutileza com que Paulo discorre de forma simples, mas profunda e de indizível beleza aquele que se tornaria ao longo do tempo um hino de expressão do amor pelo viés da caridade.

"O amor é paciente, é benfazejo; não é invejoso, não é presunçoso nem se incha de orgulho; não faz nada de vergonhoso, não é interesseiro, não se encoleriza, não leva em conta o mal sofrido; não se alegra com a injustiça, mas fica alegre com a verdade. Ele desculpa tudo, crê tudo, espera tudo, suporta tudo".

Paulo não apenas nos exorta para a beleza do amor que semeia o respeito para com os outros, mas também o respeito para consigo. Ao apresentar as características do amor, o autor convida ao conhecer o sentimento mais puro que se mostra na simplicidade, sem arroubos ou espalhafatos.

Mas a proposta do Espírito de Verdade vai além de apenas nos amarmos uns aos outros. Ela nos convida à instrução moral para que possamos compreender o que é o amor.

A instrução é o adquirir conhecimentos, hábitos, recursos que possibilitem ao indivíduo administrar sua vida e os bens que são oferecidos por Deus para que a usemos de forma sábia e produtiva.

Apesar da orientação dada como convite à instrução de maneira mais generalizada, Kardec vai nos lembrar que, para nós espíritos espíritas, como bem se refere Bezerra de Menezes em suas comunicações, a responsabilidade é bem maior. Pelo conhecimento que já alcançamos, ou deveríamos ter alcançado, o convite à instrução passa a ser uma autodeterminação pessoal.

Ao afirmar que se reconhece o verdadeiro espírita pela sua transformação moral e pelos esforços que faz para domar suas más inclinações, nos remete a obrigação íntima de cada vez mais, não apenas viver, mas compreender e viver a máxima do conhece-te a ti mesmo.

Pois é pelo processo de se conhecer que seremos espíritos melhores e é pelo processo de instrução abalizada em valores morais elevados e dignificantes que certamente alcançaremos a perfeição.

Nós que escolhemos o Espiritismo como caminho, aproveitemos as oportunidades de estudo da Doutrina Espírita que as casas espíritas oferecem. Nos esforcemos pelo ***instruí-vos*** não por obrigação, mas por amor à Deus e às criaturas pois, para quem já tem amor no coração, saber mais significa ajudar mais e melhor!

E, acertadamente, o ajudar mais e melhor, é o nosso conduzir as muitas existências experienciais embasadas no conselho que Jesus no apresenta ao proclamar: "Eu sou o caminho, e a verdade e a vida; ninguém vem ao Pai, senão por mim[6]."

Por fim, nos cabe indagar de nós mesmos: Que caminho estou me propondo a caminhar? O caminho do servir de maneira indistinta? Ou ainda tenho estado

---

[6] João 14:6

aguardando o contexto, as condições financeiras e temporárias para me pôr à serviço? A semeadura é uma escolha de cada um de nós, contudo, a colheita nos obrigatória a partir daquilo que semeamos.

Muita paz!!!

Espiritismo e Pandemia: Reflexões importantes

Vivemos, no ano de 2020, um tempo bastante diferente de tudo aquilo que já havíamos experenciado na atual encarnação. Falo isso me referindo a todos nós que habitamos este planeta, ainda de provas e expiações, neste ano atípico. Talvez, muitos de nós tenhamos vivido a pandemia da peste negra ou da gripe espanhola ou ainda outras pandemias outrora existentes, contudo, nesta encarnação, esse é o primeiro momento em que vivemos uma realidade de isolamento social que nos tira abruptamente do convívio físico dos nossos próximos mais próximos ou dos nem tão próximos assim.

É uma realidade completamente nova na qual cada um de nós estamos em um processo contínuo de aprendizagem de como conviver dessa maneira e de como tocar a nossa existência em frente de maneira serena, tranquila e ainda assim com o propósito de estar construindo esse mundo, um mundo melhor.

Então, nos vem uma nova realidade que a pandemia nos impôs. A primeira delas é o isolamento social. As instituições espíritas, bem como todas outras linhas doutrinário-religiosas fecharam suas portas físicas. Em um primeiro momento, parece que nos sentimos desamparados, vivendo uma orfandade espiritual porque nós, independente da perspectiva religiosa que professemos, nos acostumamos a ter um espaço físico de auto fortalecimento. Nós, que seguimos os ensinos de Jesus a partir dos da perspectiva da doutrina espírita, nos sentimos mais fortes quando estamos fisicamente na casa espírita, assim como o católico ou protestante ou qualquer outra linha doutrinária se sente mais fortalecido participando de seus respectivos rituais. Com a pandemia instalada pelo vírus corona, nós passamos a nos sentir também órfãos do outro.

Passamos então a perceber o quanto temos sido mecanicistas, autômatos de costumes sociais. A necessidade de estar presencialmente naquele dia e horário pré-determinado na nossa instituição espírita, assistindo uma palestra, recebendo ou ofertando o passe, recebendo a água fluidificada, a conversa e troca de amigalidades[7] antes e após as atividades e, e repente, tudo isso se tornou impossível e nós sentimo-nos órfãs deste momento.

Mas, me vem uma assertiva que considero bastante pertinente. Todos nós, de maneira individualizada, somos um centro gerador de boas energias quando nós quisermos. Somos os geradores de boas energias que conseguem amparar o próximo onde quer que ele esteja. E quando nós espíritas formos capazes de reconhecer e compreender a dimensão energético que somos, perceberemos que o distanciamento físico nada mais é que uma abstração, porque o que nos congrega, o que nos irmana, o que

[7] Amigalidades pode ser entendida como um neologismo oriundo de amigáveis

nos une não são as paredes da instituição religiosa e sim o AMOR. Não estou dizendo que a casa espírita física não é importante ou necessária, ela o é, mas para fazermos o bem, as paredes não são limitadoras de nossas ações, as nossas atitudes sim.

Então, a Doutrina Espírita vem nos ensinar que vivemos uma experiência material, com as necessidades evolutivas que esta experiência nos traz e se vivemos esta pandemia com as consequências que ela nos trouxe, certamente não é à toa, certamente esse isolamento social não por acaso. Nos ensina o espiritismo que absolutamente nada na obra do Criador é imperfeita ou desproposidada e que todas as experiências vivenciadas nesse período certamente nos trazem oportunidades únicas de aprendizagem e de amadurecimento espiritual.

A maioria das pessoas tem enxergado apenas os desencarnes de pessoas amigas, do acúmulo de pessoas nas UTIs hospitalares, o sofrimento que tal realidade tem causado no seio das famílias... e focado suas observações apenas nisso, contudo é importante observar que não existe coisa alguma que não apresente dois lados, duas faces, duas possibilidades. Também essa realidade é igualmente multifacetada.

Poucos tem se preocupado em olhar esse outro patamar que se apresenta. E lhes digo com segura convicção de que nunca estivemos tão unidos mesmo que separados. O isolamento social, principalmente para nós espíritas, nos mostrou outras possibilidades de servir que não obrigatoriamente precisamos estar na casa espírita para sermos servidores do outro. Para servir ao próximo não obrigatoriamente precisamos estar cara a cara, é possível servir e servir com AMOR e eficácia mesmo à distância.

E quantos de nós temos nos escondido atrás da inverdade de que a minha prece pelo que sofre somente tem eficácia se eu estiver bebendo presencialmente dos ensinos da casa espírita? Quantos de nós muitas vezes nós negamos a caridade da oração pelo que chora porque não estou vendo fisicamente o sofredor? Ou quantos de nós nos cremos mais fracos porque a casa espírita que frequento está fechada?

Jesus nos ensina com o celebre exemplo da filha de Jairo que o AMOR pode ir onde queiramos que ele vá. Por sua vez, a Doutrina Espírita nos demostra de maneira inequívoca que a prece é o mecanismo mais eficaz de socorro ao outro, e por consequência e nós mesmos.

Por outro lado, muitas das vezes temos enveredado pelo mecanicismo da prece. Preciso fazer prece unicamente porque é um costume, é preciso seguir a tradição e seguimos repetindo belas palavras cheias de orgulho e vaidades e vazias de amor e caridade. Porém, muitos de nós, e muitos mesmo, tem espontaneamente tem elevado à espiritualidade suas preces de socorro e caridade aos que sofrem por conta do surgimento da COVID-19. Muitos de nós temos nos encontrado de frente a TV, durante um noticiário apresentando números de pessoas desencarnadas ou acometidas pela doença e, ali, no recôndito de nosso coração temos elevado ao Criador nossas preces de socorro e amparo. Não conhecemos fisicamente quem é, mas o reconhecemos como irmãos e irmãs em momentos de necessidades.

Assim, uma das grandes aprendizagens que a pandemia de 2020, nos trouxe, quando falamos de Doutrina Espírita, foi a de nos percebermos seres de efetiva ação e de amor para com o próximo. Outra possibilidade que a pandemia nos trouxe foi a possibilidade de deixarmos o automatismo de nossas ações norteadas pelas tradições construídas nas nossas casas espíritas e reavaliarmos nossas próprias ações, agora de maneira individual.

Certamente que uma das grandes aprendizagens dessa pandemia foi a descoberta de que cada um de nós é um dínamo gerador de energias boas ou más. Como geramos essas energias é uma escolha individual calcada nas escolhas e propósitos que vamos assumindo cotidianamente. E assim vendo, nos cabe fazer algumas indagações: que tipo de dínamo sou eu? Que qualidade energético tenho gerado? Para onde tenho direcionado tais energias? As respostas, com certeza, nos apontarão os caminhos pelos quais temos percorrido nesta existência.

Outro ponto de vital importância que temos visto acontecer durante a pandemia é que a mensagem de consolação e de esclarecimento de Jesus, aclarada pela Doutrina Espírita tem cada vez mais ocupado espaço na vida de mais pessoas. Em todos os momentos há cada vez mais pessoas buscando, na maioria das vezes motivada pelo sofrimento, um conhecimento que transcenda de responda aos anseios de acolhimento que outras perspectivas religiosas não têm sido capazes de ofertar.

Assim, o espiritismo tem cumprido o seu principal papel de esclarecer, orientar, consolar e acolher a todos a partir de uma vivência atitudinal de autotransformação moral a partir do modelo inigualável de Jesus, aclarado pelo trabalho de Kardec.

Saulo teve sua própria pandemia no encontro com Jesus na estrada de Damasco e desse encontro tirou lições que lhe encaminharam para a renovação do homem orgulhoso de sua posição social para o homem despido de poder humano, mas revestido do amor que transforma e nós? Que temos aprendido com esta pandemia? Que ações de amor, justiça e caridade temos assumido em nossas atitudes? Que transformação moral temos assumido neste tempo de isolamento? Quais descobertas tenho feito e mim mesmo para ser um espírito espirita melhor?

Muitas são as indagações e reflexões que deveremos fazer para que o conhecimento transformador, oportunizado pela pandemia, possa se converter em molas impulsionadoras de ações em prol do próximo, pois o momento de autotransformação é o agora! O tempo de servir é este! A realidade moral a ser modificada é de cada um de nós!

Muita paz!!!

Referências:

Conselho Federativo Nacional [da] Federação Espírita Brasileira. **Aperte mais esse laço** [coordenação Marta Antunes de Oliveira de Moura]. – 1. ed. – 1. imp. – Brasília: FEB, 2017.

FRANCO, Divaldo Pereira (psicografado por) ÂNGELIS, Joanna de (espírito). **Diretrizes para o êxito**. 2. ed. Salvador, BA: Livr. Espírita Alvorada, 2004.

HAMMED (espírito); SANTO NETO, Francisco do Espírito (psicografado por). **Renovando Atitudes**. 2. ed. Catanduva, SP: Boa Nova Editora. 1997. p. 207

Jornal Momento Espírita 40, p. 7 (Abril - 2013) Curitiba - PR

Kardec. Allan. **O Livro dos Espíritos**: princípios da Doutrina Espírita. Trad. de Guillon Ribeiro. 86. ed. Rio de Janeiro: FEB, 2006.

XAVIER, Francisco Cândido. **Boa Nova**. Pelo Espírito Humberto de Campos. 35. ed. Rio de Janeiro: FEB, 2006. Capítulo 11 (O sermão do monte)

XAVIER. Francisco Cândido; ***Os Mensageiros***. Autor espiritual André Luiz. Ed. FEB. Brasília, 2010

Contato com o autor:
(84) 99622 4654
dotconguy@gmail.com

Impresso na:

www.ingramcontent.com/pod-product-compliance
Lightning Source LLC
LaVergne TN
LVHW010108170826
845678LV00012B/2298

* 9 7 8 6 5 5 1 2 4 0 0 0 3 *